HEBREO
VOCABULARIO

PALABRAS MÁS USADAS

ESPAÑOL-HEBREO

Las palabras más útiles
Para expandir su vocabulario y refinar
sus habilidades lingüísticas

5000 palabras

Vocabulario Español-Hebreo - 5000 palabras más usadas
por Andrey Taranov

Los vocabularios de T&P Books buscan ayudar en el aprendizaje, la memorización y la revisión de palabras de idiomas extranjeros. El diccionario se divide por temas, cubriendo toda la esfera de las actividades cotidianas, de negocios, ciencias, cultura, etc.

El proceso de aprendizaje de palabras utilizando los diccionarios temáticos de T&P Books le proporcionará a usted las siguientes ventajas:

- La información del idioma secundario está organizada claramente y predetermina el éxito para las etapas subsiguientes en la memorización de palabras.
- Las palabras derivadas de la misma raíz se agrupan, lo cual permite la memorización de grupos de palabras en vez de palabras aisladas.
- Las unidades pequeñas de palabras facilitan el proceso de reconocimiento de enlaces de asociación que se necesitan para la cohesión del vocabulario.
- De este modo, se puede estimar el número de palabras aprendidas y así también el nivel de conocimiento del idioma.

Copyright © 2024 T&P Books Publishing

Todos los derechos reservados. Ninguna porción de este libro puede reproducirse o utilizarse de ninguna manera o por ningún medio; sea electrónico o mecánico, lo cual incluye la fotocopia, grabación o información almacenada y sistemas de recuperación, sin el permiso escrito de la editorial.

T&P Books Publishing
www.tpbooks.com

ISBN: 978-1-78716-422-2

Este libro está disponible en formato electrónico o de E-Book también.
Visite www.tpbooks.com o las librerías electrónicas más destacadas en la Red.

VOCABULARIO HEBREO
palabras más usadas

Los vocabularios de T&P Books buscan ayudar al aprendiz a aprender, memorizar y repasar palabras de idiomas extranjeros. Los vocabularios contienen más de 5000 palabras comúnmente usadas y organizadas de manera temática.

- El vocabulario contiene las palabras corrientes más usadas.
- Se recomienda como ayuda adicional a cualquier curso de idiomas.
- Capta las necesidades de aprendices de nivel principiante y avanzado.
- Es conveniente para uso cotidiano, prácticas de revisión y actividades de auto-evaluación.
- Facilita la evaluación del vocabulario.

Aspectos claves del vocabulario

- Las palabras se organizan según el significado, no según el orden alfabético.
- Las palabras se presentan en tres columnas para facilitar los procesos de repaso y auto-evaluación.
- Los grupos de palabras se dividen en pequeñas secciones para facilitar el proceso de aprendizaje.
- El vocabulario ofrece una transcripción sencilla y conveniente de cada palabra extranjera

El vocabulario contiene 155 temas que incluyen lo siguiente:

Conceptos básicos, números, colores, meses, estaciones, unidades de medidas, ropa y accesorios, comida y nutrición, restaurantes, familia nuclear, familia extendida, características de personalidad, sentimientos, emociones, enfermedades, la ciudad y el pueblo, exploración del paisaje, compras, finanzas, la casa, el hogar, la oficina, el trabajo en oficina, importación y exportación, promociones, búsqueda de trabajo, deportes, educación, computación, la red, herramientas, la naturaleza, los países, las nacionalidades y más ...

TABLA DE CONTENIDO

GUÍA DE PRONUNCIACIÓN	9
ABREVIATURAS	10

CONCEPTOS BÁSICOS	11
Conceptos básicos. Unidad 1	11
1. Los pronombres	11
2. Saludos. Salutaciones. Despedidas	11
3. Como dirigirse a otras personas	12
4. Números cardinales. Unidad 1	12
5. Números cardinales. Unidad 2	13
6. Números ordinales	14
7. Números. Fracciones	14
8. Números. Operaciones básicas	14
9. Números. Miscelánea	15
10. Los verbos más importantes. Unidad 1	15
11. Los verbos más importantes. Unidad 2	16
12. Los verbos más importantes. Unidad 3	17
13. Los verbos más importantes. Unidad 4	18
14. Los colores	19
15. Las preguntas	19
16. Las preposiciones	20
17. Las palabras útiles. Los adverbios. Unidad 1	20
18. Las palabras útiles. Los adverbios. Unidad 2	22

Conceptos básicos. Unidad 2	24
19. Los días de la semana	24
20. Las horas. El día y la noche	24
21. Los meses. Las estaciones	25
22. Las unidades de medida	27
23. Contenedores	28

EL SER HUMANO	29
El ser humano. El cuerpo	29
24. La cabeza	29
25. El cuerpo	30

La ropa y los accesorios	31
26. La ropa exterior. Los abrigos	31
27. Ropa de hombre y mujer	31

28. La ropa. La ropa interior	32
29. Gorras	32
30. El calzado	32
31. Accesorios personales	33
32. La ropa. Miscelánea	33
33. Productos personales. Cosméticos	34
34. Los relojes	35

La comida y la nutrición 36

35. La comida	36
36. Las bebidas	37
37. Las verduras	38
38. Las frutas. Las nueces	39
39. El pan. Los dulces	40
40. Los platos	40
41. Las especias	41
42. Las comidas	42
43. Los cubiertos	43
44. El restaurante	43

La familia nuclear, los parientes y los amigos 44

45. La información personal. Los formularios	44
46. Los familiares. Los parientes	44

La medicina 46

47. Las enfermedades	46
48. Los síntomas. Los tratamientos. Unidad 1	47
49. Los síntomas. Los tratamientos. Unidad 2	48
50. Los síntomas. Los tratamientos. Unidad 3	49
51. Los médicos	50
52. La medicina. Las drogas. Los accesorios	50

EL AMBIENTE HUMANO 52
La ciudad 52

53. La ciudad. La vida en la ciudad	52
54. Las instituciones urbanas	53
55. Los avisos	54
56. El transporte urbano	55
57. El turismo. La excursión	56
58. Las compras	57
59. El dinero	58
60. La oficina de correos	59

La vivienda. La casa. El hogar 60

61. La casa. La electricidad	60

62. La villa. La mansión	60
63. El apartamento	60
64. Los muebles. El interior	61
65. Los accesorios de cama	62
66. La cocina	62
67. El baño	63
68. Los aparatos domésticos	64

LAS ACTIVIDADES DE LA GENTE	65
El trabajo. Los negocios. Unidad 1	65
69. La oficina. El trabajo de oficina	65
70. Los procesos de negocio. Unidad 1	66
71. Los procesos de negocio. Unidad 2	67
72. La producción. Los trabajos	68
73. El contrato. El acuerdo	69
74. Importación y exportación	70
75. Las finanzas	70
76. La mercadotecnia	71
77. La publicidad	72
78. La banca	72
79. El teléfono. Las conversaciones telefónicas	73
80. El teléfono celular	74
81. Los artículos de escritorio. La papelería	74
82. Tipos de negocios	75

El trabajo. Los negocios. Unidad 2	77
83. La exhibición. La feria comercial	77
84. La ciencia. La investigación. Los científicos	78

Las profesiones y los oficios	80
85. La búsqueda de trabajo. El despido	80
86. Los negociantes	80
87. Los trabajos de servicio	81
88. La profesión militar y los rangos	82
89. Los oficiales. Los sacerdotes	83
90. Las profesiones agrícolas	83
91. Las profesiones artísticas	84
92. Profesiones diversas	84
93. Los trabajos. El estatus social	86

La educación	87
94. La escuela	87
95. Los institutos. La Universidad	88
96. Las ciencias. Las disciplinas	89
97. Los sistemas de escritura. La ortografía	89
98. Los idiomas extranjeros	90

El descanso. El entretenimiento. El viaje 92

99. Las vacaciones. El viaje	92
100. El hotel	92

EL EQUIPO TÉCNICO. EL TRANSPORTE	94
El equipo técnico	94
101. El computador	94
102. El internet. El correo electrónico	95
103. La electricidad	96
104. Las herramientas	96

El transporte	99
105. El avión	99
106. El tren	100
107. El barco	101
108. El aeropuerto	102

Acontecimentos de la vida	104
109. Los días festivos. Los eventos	104
110. Los funerales. El entierro	105
111. La guerra. Los soldados	105
112. La guerra. El ámbito militar. Unidad 1	106
113. La guerra. El ámbito militar. Unidad 2	108
114. Las armas	109
115. Los pueblos antiguos	111
116. La Edad Media	111
117. El líder. El jefe. Las autoridades	113
118. Violar la ley. Los criminales. Unidad 1	114
119. Violar la ley. Los criminales. Unidad 2	115
120. La policía. La ley. Unidad 1	116
121. La policía. La ley. Unidad 2	117

LA NATURALEZA	119
La tierra. Unidad 1	119
122. El espacio	119
123. La tierra	120
124. Los puntos cardinales	121
125. El mar. El océano	121
126. Los nombres de los mares y los océanos	122
127. Las montañas	123
128. Los nombres de las montañas	124
129. Los ríos	124
130. Los nombres de los ríos	125
131. El bosque	125
132. Los recursos naturales	126

La tierra. Unidad 2	128
133. El tiempo	128
134. Los eventos climáticos severos. Los desastres naturales	129

La fauna	130
135. Los mamíferos. Los predadores	130
136. Los animales salvajes	130
137. Los animales domésticos	131
138. Los pájaros	132
139. Los peces. Los animales marinos	134
140. Los anfibios. Los reptiles	134
141. Los insectos	135

La flora	136
142. Los árboles	136
143. Los arbustos	136
144. Las frutas. Las bayas	137
145. Las flores. Las plantas	138
146. Los cereales, los granos	139

LOS PAÍSES. LAS NACIONALIDADES	140
147. Europa occidental	140
148. Europa central y oriental	140
149. Los países de la antes Unión Soviética	141
150. Asia	141
151. América del Norte	142
152. Centroamérica y Sudamérica	142
153. África	143
154. Australia. Oceanía	143
155. Las ciudades	143

GUÍA DE PRONUNCIACIÓN

El nombre de la letra	La letra	Ejemplo hebreo	T&P alfabeto fonético	Ejemplo español
Alef	א	אריה	[ɑ], [ɑ:]	altura
	א	אחד	[ɛ], [ɛ:]	buceo
	א	מָאָה	['] (hamza)	oclusiva glotal sorda
Bet	ב	בית	[b]	en barco
Guímel	ג	גמל	[g]	jugada
Guímel+geresh	ג'	ג'ונגל	[ʤ]	jazz
Dálet	ד	דג	[d]	desierto
Hei	ה	הר	[h]	registro
Vav	ו	וסת	[v]	travieso
Zayn	ז	זאב	[z]	desde
Zayn+geresh	ז'	ז'ורנל	[ʒ]	adyacente
Jet	ח	חוט	[x]	reloj
Tet	ט	טוב	[t]	torre
Yod	י	יום	[j]	asiento
Kaf	כ ך	בריש	[k]	charco
Lámed	ל	לחם	[l]	lira
Mem	מ ם	מלך	[m]	nombre
Nun	נ ן	גר	[n]	número
Sámaj	ס	סוס	[s]	salva
Ayin	ע	עיון	[ɑ], [ɑ:]	altura
	ע	תשעים	['] (ayn)	fricativa faríngea sonora
Pei	פ ף	פיל	[p]	precio
Tzadi	צ ץ	צעצוע	[ts]	tsunami
Tzadi+geresh	צ' ץ'	צ'ק	[tʃ]	mapache
Qof	ק	קוף	[k]	charco
Resh	ר	רבבת	[r]	R francesa (gutural)
Shin	ש	שלחן, עשרים	[s], [ʃ]	salva, shopping
Taf	ת	תפוז	[t]	torre

ABREVIATURAS
usadas en el vocabulario

Abreviatura en español

adj	-	adjetivo
adv	-	adverbio
anim.	-	animado
conj	-	conjunción
etc.	-	etcétera
f	-	sustantivo femenino
f pl	-	femenino plural
fam.	-	uso familiar
fem.	-	femenino
form.	-	uso formal
inanim.	-	inanimado
innum.	-	innumerable
m	-	sustantivo masculino
m pl	-	masculino plural
m, f	-	masculino, femenino
masc.	-	masculino
mat	-	matemáticas
mil.	-	militar
num.	-	numerable
p.ej.	-	por ejemplo
pl	-	plural
pron	-	pronombre
sg	-	singular
v aux	-	verbo auxiliar
vi	-	verbo intransitivo
vi, vt	-	verbo intransitivo, verbo transitivo
vr	-	verbo reflexivo
vt	-	verbo transitivo

Abreviatura en hebreo

ז	-	masculino
ז"ר	-	masculino plural
ז, נ	-	masculino, femenino
נ	-	femenino
נ"ר	-	femenino plural

CONCEPTOS BÁSICOS

Conceptos básicos. Unidad 1

1. Los pronombres

yo	ani	אֲנִי (ז, נ)
tú (masc.)	ata	אַתָּה (ז)
tú (fem.)	at	אַתְּ (נ)
él	hu	הוּא (ז)
ella	hi	הִיא (נ)
nosotros, -as	a'naxnu	אֲנַחְנוּ (ז, נ)
vosotros	atem	אַתֶּם (ז"ר)
vosotras	aten	אַתֶּן (נ"ר)
Usted	ata, at	אַתָּה (ז), אַתְּ (נ)
Ustedes	atem, aten	אַתֶּם (ז"ר), אַתֶּן (נ"ר)
ellos	hem	הֵם (ז"ר)
ellas	hen	הֵן (נ"ר)

2. Saludos. Salutaciones. Despedidas

¡Hola! (fam.)	ʃalom!	שָׁלוֹם!
¡Hola! (form.)	ʃalom!	שָׁלוֹם!
¡Buenos días!	'boker tov!	בּוֹקֶר טוֹב!
¡Buenas tardes!	tsaha'rayim tovim!	צָהֳרַיִים טוֹבִים!
¡Buenas noches!	'orov tovl	עֶרֶב טוֹב!
decir hola	lomar ʃalom	לוֹמַר שָׁלוֹם
¡Hola! (a un amigo)	hai!	הַיי!
saludo (m)	ahlan	אַהְלָן
saludar (vt)	lomar ʃalom	לוֹמַר שָׁלוֹם
¿Cómo estáis?	ma ʃomex?, ma ʃomxa?	מָה שְׁלוֹמֵךְ? (נ), מָה שְׁלוֹמְךָ? (ז)
¿Cómo estás?	ma niʃma?	מָה נִשְׁמָע?
¿Qué hay de nuevo?	ma xadaʃ?	מָה חָדָשׁ?
¡Hasta la vista! (form.)	lehitra'ot!	לְהִתְרָאוֹת!
¡Hasta la vista! (fam.)	bai!	בַּיי!
¡Hasta pronto!	lehitra'ot bekarov!	לְהִתְרָאוֹת בְּקָרוֹב!
¡Adiós!	lehitra'ot!	לְהִתְרָאוֹת!
despedirse (vr)	lomar lehitra'ot	לוֹמַר לְהִתְרָאוֹת
¡Hasta luego!	bai!	בַּיי!
¡Gracias!	toda!	תּוֹדָה!
¡Muchas gracias!	toda raba!	תּוֹדָה רַבָּה!
De nada	bevakaʃa	בְּבַקָּשָׁה

No hay de qué	al lo davar	עַל לֹא דָבָר
De nada	ein be'ad ma	אֵין בְּעַד מָה

¡Disculpa! ¡Disculpe!	sliχa!	סְלִיחָה!
disculpar (vt)	lis'loaχ	לִסְלוֹחַ

disculparse (vr)	lehitnatsel	לְהִתְנַצֵּל
Mis disculpas	ani mitnatsel, ani mitna'tselet	אֲנִי מִתְנַצֵּל (ז), אֲנִי מִתְנַצֶּלֶת (נ)
¡Perdóneme!	ani mitsta'er, ani mitsta''eret	אֲנִי מִצְטַעֵר (ז), אֲנִי מִצְטַעֶרֶת (נ)
perdonar (vt)	lis'loaχ	לִסְלוֹחַ
¡No pasa nada!	lo nora	לֹא נוֹרָא
por favor	bevakaʃa	בְּבַקָּשָׁה

¡No se le olvide!	al tiʃkaχ!	אַל תִּשְׁכַּח! (ז)
¡Ciertamente!	'betaχ!	בֶּטַח!
¡Claro que no!	'betaχ ʃelo!	בֶּטַח שֶׁלֹא!
¡De acuerdo!	okei!	אוֹקֵיי!
¡Basta!	maspik!	מַסְפִּיק!

3. Como dirigirse a otras personas

¡Perdóneme!	sliχa!	סְלִיחָה!
señor	adon	אָדוֹן
señora	gvirti	גְבִרְתִּי
señorita	'gveret	גְבֶרֶת
joven	baχur tsa'ir	בָּחוּר צָעִיר
niño	'yeled	יֶלֶד
niña	yalda	יַלְדָה

4. Números cardinales. Unidad 1

cero	'efes	אֶפֶס (ז)
uno	eχad	אֶחָד (ז)
una	aχat	אַחַת (נ)
dos	'ʃtayim	שְׁתַּיִים (נ)
tres	ʃaloʃ	שָׁלוֹשׁ (נ)
cuatro	arba	אַרְבַּע (נ)
cinco	χameʃ	חָמֵשׁ (נ)
seis	ʃeʃ	שֵׁשׁ (נ)
siete	'ʃeva	שֶׁבַע (נ)
ocho	'ʃmone	שְׁמוֹנֶה (נ)
nueve	'teʃa	תֵּשַׁע (נ)
diez	'eser	עֶשֶׂר (נ)
once	aχat esre	אַחַת-עֶשְׂרֵה (נ)
doce	ʃteim esre	שְׁתֵּים-עֶשְׂרֵה (נ)
trece	ʃloʃ esre	שְׁלוֹשׁ-עֶשְׂרֵה (נ)
catorce	arba esre	אַרְבַּע-עֶשְׂרֵה (נ)
quince	χameʃ esre	חָמֵשׁ-עֶשְׂרֵה (נ)
dieciséis	ʃeʃ esre	שֵׁשׁ-עֶשְׂרֵה (נ)

diecisiete	ʃva esre	שְׁבַע־עֶשְׂרֵה (נ)
dieciocho	ʃmone esre	שְׁמוֹנָה־עֶשְׂרֵה (נ)
diecinueve	tʃa esre	תְּשַׁע־עֶשְׂרֵה (נ)
veinte	esrim	עֶשְׂרִים
veintiuno	esrim ve'exad	עֶשְׂרִים וְאֶחָד
veintidós	esrim u'ʃnayim	עֶשְׂרִים וּשְׁנַיִים
veintitrés	esrim uʃloʃa	עֶשְׂרִים וּשְׁלוֹשָׁה
treinta	ʃloʃim	שְׁלוֹשִׁים
treinta y uno	ʃloʃim ve'exad	שְׁלוֹשִׁים וְאֶחָד
treinta y dos	ʃloʃim u'ʃnayim	שְׁלוֹשִׁים וּשְׁנַיִים
treinta y tres	ʃloʃim uʃloʃa	שְׁלוֹשִׁים וּשְׁלוֹשָׁה
cuarenta	arba'im	אַרְבָּעִים
cuarenta y uno	arba'im ve'exad	אַרְבָּעִים וְאֶחָד
cuarenta y dos	arba'im u'ʃnayim	אַרְבָּעִים וּשְׁנַיִים
cuarenta y tres	arba'im uʃloʃa	אַרְבָּעִים וּשְׁלוֹשָׁה
cincuenta	xamiʃim	חֲמִישִׁים
cincuenta y uno	xamiʃim ve'exad	חֲמִישִׁים וְאֶחָד
cincuenta y dos	xamiʃim u'ʃnayim	חֲמִישִׁים וּשְׁנַיִים
cincuenta y tres	xamiʃim uʃloʃa	חֲמִישִׁים וּשְׁלוֹשָׁה
sesenta	ʃiʃim	שִׁישִׁים
sesenta y uno	ʃiʃim ve'exad	שִׁישִׁים וְאֶחָד
sesenta y dos	ʃiʃim u'ʃnayim	שִׁישִׁים וּשְׁנַיִים
sesenta y tres	ʃiʃim uʃloʃa	שִׁישִׁים וּשְׁלוֹשָׁה
setenta	ʃiv'im	שִׁבְעִים
setenta y uno	ʃiv'im ve'exad	שִׁבְעִים וְאֶחָד
setenta y dos	ʃiv'im u'ʃnayim	שִׁבְעִים וּשְׁנַיִים
setenta y tres	ʃiv'im uʃloʃa	שִׁבְעִים וּשְׁלוֹשָׁה
ochenta	ʃmonim	שְׁמוֹנִים
ochenta y uno	ʃmonim ve'exad	שְׁמוֹנִים וְאֶחָד
ochenta y dos	ʃmonim u'ʃnayim	שְׁמוֹנִים וּשְׁנַיִים
ochenta y tres	ʃmonim uʃloʃa	שְׁמוֹנִים וּשְׁלוֹשָׁה
noventa	tiʃ'im	תִּשְׁעִים
noventa y uno	tiʃ'im ve'exad	תִּשְׁעִים וְאֶחָד
noventa y dos	tiʃ'im u'ʃayim	תִּשְׁעִים וּשְׁנַיִים
noventa y tres	tiʃ'im uʃloʃa	תִּשְׁעִים וּשְׁלוֹשָׁה

5. Números cardinales. Unidad 2

cien	'me'a	מֵאָה (נ)
doscientos	ma'tayim	מָאתַיִים
trescientos	ʃloʃ me'ot	שְׁלוֹשׁ מֵאוֹת (נ)
cuatrocientos	arba me'ot	אַרְבַּע מֵאוֹת (נ)
quinientos	xameʃ me'ot	חָמֵשׁ מֵאוֹת (נ)
seiscientos	ʃeʃ me'ot	שֵׁשׁ מֵאוֹת (נ)
setecientos	ʃva me'ot	שְׁבַע מֵאוֹת (נ)

ochocientos	ʃmone me'ot	שְׁמוֹנֶה מֵאוֹת (נ)
novecientos	tʃa me'ot	תְּשַׁע מֵאוֹת (נ)
mil	'elef	אֶלֶף (ז)
dos mil	al'payim	אַלְפַּיִם (ז)
tres mil	'ʃloʃet alafim	שְׁלוֹשֶׁת אֲלָפִים (ז)
diez mil	a'seret alafim	עֲשֶׂרֶת אֲלָפִים (ז)
cien mil	'me'a 'elef	מֵאָה אֶלֶף (ז)
millón (m)	milyon	מִילְיוֹן (ז)
mil millones	milyard	מִילְיַארְד (ז)

6. Números ordinales

primero (adj)	riʃon	רִאשׁוֹן
segundo (adj)	ʃeni	שֵׁנִי
tercero (adj)	ʃliʃi	שְׁלִישִׁי
cuarto (adj)	revi'i	רְבִיעִי
quinto (adj)	χamiʃi	חֲמִישִׁי
sexto (adj)	ʃiʃi	שִׁישִׁי
séptimo (adj)	ʃvi'i	שְׁבִיעִי
octavo (adj)	ʃmini	שְׁמִינִי
noveno (adj)	tʃi'i	תְּשִׁיעִי
décimo (adj)	asiri	עֲשִׂירִי

7. Números. Fracciones

fracción (f)	'ʃever	שֶׁבֶר (ז)
un medio	'χetsi	חֲצִי (ז)
un tercio	ʃliʃ	שְׁלִישׁ (ז)
un cuarto	'reva	רֶבַע (ז)
un octavo	ʃminit	שְׁמִינִית (נ)
un décimo	asirit	עֲשִׂירִית (נ)
dos tercios	ʃnei ʃliʃim	שְׁנֵי שְׁלִישִׁים (ז)
tres cuartos	'ʃloʃet riv'ei	שְׁלוֹשֶׁת רִבְעֵי

8. Números. Operaciones básicas

sustracción (f)	χisur	חִיסוּר (ז)
sustraer (vt)	leχaser	לְחַסֵר
división (f)	χiluk	חִילוּק (ז)
dividir (vt)	leχalek	לְחַלֵק
adición (f)	χibur	חִיבּוּר (ז)
sumar (totalizar)	leχaber	לְחַבֵּר
adicionar (vt)	leχaber	לְחַבֵּר
multiplicación (f)	'kefel	כֶּפֶל (ז)
multiplicar (vt)	lehaχpil	לְהַכְפִּיל

9. Números. Miscelánea

cifra (f)	sifra	ספרה (נ)
número (m) (~ cardinal)	mispar	מספר (ז)
numeral (m)	ʃem mispar	שם מספר (ז)
menos (m)	'minus	מינוס (ז)
más (m)	plus	פלוס (ז)
fórmula (f)	nusχa	נוסחה (נ)
cálculo (m)	χiʃuv	חישוב (ז)
contar (vt)	lispor	לספור
calcular (vt)	leχaʃev	לחשב
comparar (vt)	lehaʃvot	להשוות
¿Cuánto?	'kama?	כמה?
suma (f)	sχum	סכום (ז)
resultado (m)	totsa'a	תוצאה (נ)
resto (m)	ʃe'erit	שארית (נ)
algunos, algunas …	'kama	כמה
poco (adv)	ktsat	קצת
poco (num.)	me'at	מעט
poco (innum.)	me'at	מעט
resto (m)	ʃe'ar	שאר (ז)
uno y medio	eχad va'χetsi	אחד וחצי (ז)
docena (f)	tresar	תריסר (ז)
en dos	'χetsi 'χetsi	חצי חצי
en partes iguales	ʃave beʃave	שווה בשווה
mitad (f)	'χetsi	חצי (ז)
vez (f)	'pa'am	פעם (נ)

10. Los verbos más importantes. Unidad 1

abrir (vt)	lif'toaχ	לפתוח
acabar, terminar (vt)	lesayem	לסיים
aconsejar (vt)	leya'ets	לייעץ
adivinar (vt)	lenaχeʃ	לנחש
advertir (vt)	lehazhir	להזהיר
alabarse, jactarse (vr)	lehitravrev	להתרברב
almorzar (vi)	le'eχol aruχat tsaha'rayim	לאכול ארוחת צהריים
alquilar (~ una casa)	liskor	לשכור
amenazar (vt)	le'ayem	לאיים
arrepentirse (vr)	lehitsta'er	להצטער
ayudar (vt)	la'azor	לעזור
bañarse (vr)	lehitraχets	להתרחץ
bromear (vi)	lehitba'deaχ	להתבדח
buscar (vt)	leχapes	לחפש
caer (vi)	lipol	ליפול
callarse (vr)	liʃtok	לשתוק
cambiar (vt)	leʃanot	לשנות

castigar, punir (vt)	leha'aniʃ	לְהַעֲנִישׁ
cavar (vt)	laxpor	לַחְפּוֹר
cazar (vi, vt)	latsud	לָצוּד
cenar (vi)	le'exol aruxat 'erev	לֶאֱכוֹל אֲרוּחַת עֶרֶב
cesar (vt)	lehafsik	לְהַפְסִיק
coger (vt)	litfos	לִתְפּוֹס
comenzar (vt)	lehatxil	לְהַתְחִיל

comparar (vt)	lehaʃvot	לְהַשְׁווֹת
comprender (vt)	lehavin	לְהָבִין
confiar (vt)	liv'toax	לִבְטוֹחַ
confundir (vt)	lehitbalbel	לְהִתְבַּלְבֵּל
conocer (~ a alguien)	lehakir et	לְהַכִּיר אֶת
contar (vt) (enumerar)	lispor	לִסְפּוֹר

contar con ...	lismox al	לִסְמוֹךְ עַל
continuar (vt)	lehamʃix	לְהַמְשִׁיךְ
controlar (vt)	liʃlot	לִשְׁלוֹט
correr (vi)	laruts	לָרוּץ
costar (vt)	la'alot	לַעֲלוֹת
crear (vt)	litsor	לִיצוֹר

11. Los verbos más importantes. Unidad 2

dar (vt)	latet	לָתֵת
dar una pista	lirmoz	לִרְמוֹז
decir (vt)	lomar	לוֹמַר
decorar (para la fiesta)	lekaʃet	לְקַשֵּׁט

defender (vt)	lehagen	לְהָגֵן
dejar caer	lehapil	לְהַפִּיל
desayunar (vi)	le'exol aruxat 'boker	לֶאֱכוֹל אֲרוּחַת בּוֹקֶר
descender (vi)	la'redet	לָרֶדֶת

dirigir (administrar)	lenahel	לְנַהֵל
disculpar (vt)	lis'loax	לִסְלוֹחַ
disculparse (vr)	lehitnatsel	לְהִתְנַצֵּל
discutir (vt)	ladun	לָדוּן
dudar (vt)	lefakpek	לְפַקְפֵּק

encontrar (hallar)	limtso	לִמְצוֹא
engañar (vi, vt)	leramot	לְרַמּוֹת
entrar (vi)	lehikanes	לְהִיכָּנֵס
enviar (vt)	liʃloax	לִשְׁלוֹחַ

equivocarse (vr)	lit'ot	לִטְעוֹת
escoger (vt)	livxor	לִבְחוֹר
esconder (vt)	lehastir	לְהַסְתִּיר
escribir (vt)	lixtov	לִכְתּוֹב
esperar (aguardar)	lehamtin	לְהַמְתִּין

esperar (tener esperanza)	lekavot	לְקַווֹת
estar (vi)	lihyot	לִהְיוֹת
estar de acuerdo	lehaskim	לְהַסְכִּים

estudiar (vt)	lilmod	ללמוד
exigir (vt)	lidroʃ	לדרוש
existir (vi)	lehitkayem	להתקיים
explicar (vt)	lehasbir	להסביר
faltar (a las clases)	lehaxsir	להחסיר
firmar (~ el contrato)	laxtom	לחתום
girar (~ a la izquierda)	lifnot	לפנות
gritar (vi)	lits'ok	לצעוק
guardar (conservar)	liʃmor	לשמור
gustar (vi)	limtso xen be'ei'nayim	למצוא חן בעיניים
hablar (vi, vt)	ledaber	לדבר
hacer (vt)	la'asot	לעשות
informar (vt)	leho'dia	להודיע
insistir (vi)	lehit'akeʃ	להתעקש
insultar (vt)	leha'aliv	להעליב
interesarse (vr)	lehit'anyen be…	להתעניין ב…
invitar (vt)	lehazmin	להזמין
ir (a pie)	la'lexet	ללכת
jugar (divertirse)	lesaxek	לשחק

12. Los verbos más importantes. Unidad 3

leer (vi, vt)	likro	לקרוא
liberar (ciudad, etc.)	leʃaxrer	לשחרר
llamar (por ayuda)	likro	לקרוא
llegar (vi)	leha'gi'a	להגיע
llorar (vi)	livkot	לבכות
matar (vt)	laharog	להרוג
mencionar (vt)	lehazkir	להזכיר
mostrar (vt)	lehar'ot	להראות
nadar (vi)	lisxot	לשחות
negarse (vr)	lesarev	לסרב
objetar (vt)	lehitnaged	להתנגד
observar (vt)	litspot, lehaʃkif	לצפות, להשקיף
oír (vt)	liʃ'mo'a	לשמוע
olvidar (vt)	liʃ'koax	לשכוח
orar (vi)	lehitpalel	להתפלל
ordenar (mil.)	lifkod	לפקוד
pagar (vi, vt)	leʃalem	לשלם
pararse (vr)	la'atsor	לעצור
participar (vi)	lehiʃtatef	להשתתף
pedir (ayuda, etc.)	levakeʃ	לבקש
pedir (en restaurante)	lehazmin	להזמין
pensar (vi, vt)	laxʃov	לחשוב
percibir (ver)	lasim lev	לשים לב
perdonar (vt)	lis'loax	לסלוח

| permitir (vt) | leharʃot | לְהַרְשׁוֹת |
| pertenecer a … | lehiʃtayeχ | לְהִשְׁתַּיֵּךְ |

planear (vt)	letaχnen	לְתַכְנֵן
poder (v aux)	yaχol	יָכוֹל
poseer (vt)	lihyot 'ba'al ʃel	לִהְיוֹת בַּעַל שֶׁל
preferir (vt)	leha'adif	לְהַעֲדִיף
preguntar (vt)	liʃol	לִשְׁאוֹל

preparar (la cena)	levaʃel	לְבַשֵּׁל
prever (vt)	laχazot	לַחֲזוֹת
probar, tentar (vt)	lenasot	לְנַסּוֹת
prometer (vt)	lehav'tiaχ	לְהַבְטִיחַ
pronunciar (vt)	levate	לְבַטֵּא

proponer (vt)	leha'tsi'a	לְהַצִּיעַ
quebrar (vt)	liʃbor	לִשְׁבּוֹר
quejarse (vr)	lehitlonen	לְהִתְלוֹנֵן
querer (amar)	le'ehov	לֶאֱהוֹב
querer (desear)	lirtsot	לִרְצוֹת

13. Los verbos más importantes. Unidad 4

recomendar (vt)	lehamlits	לְהַמְלִיץ
regañar, reprender (vt)	linzof	לִנְזוֹף
reírse (vr)	litsχok	לִצְחוֹק
repetir (vt)	laχazor al	לַחֲזוֹר עַל
reservar (~ una mesa)	lehazmin meroʃ	לְהַזְמִין מֵרֹאשׁ
responder (vi, vt)	la'anot	לַעֲנוֹת

robar (vt)	lignov	לִגְנוֹב
saber (~ algo mas)	la'da'at	לָדַעַת
salir (vi)	latset	לָצֵאת
salvar (vt)	lehatsil	לְהַצִּיל
seguir …	la'akov aχarei	לַעֲקוֹב אַחֲרֵי
sentarse (vr)	lehityaʃev	לְהִתְיַשֵּׁב

ser (vi)	lihyot	לִהְיוֹת
ser necesario	lehidareʃ	לְהִידָרֵשׁ
significar (vt)	lomar	לוֹמַר
sonreír (vi)	leχayeχ	לְחַיֵּךְ
sorprenderse (vr)	lehitpale	לְהִתְפַּלֵּא

subestimar (vt)	leham'it be''ereχ	לְהַמְעִיט בְּעֶרֶךְ
tener (vt)	lehaχzik	לְהַחְזִיק
tener hambre	lihyot ra'ev	לִהְיוֹת רָעֵב
tener miedo	lefaχed	לְפַחֵד

tener prisa	lemaher	לְמַהֵר
tener sed	lihyot tsame	לִהְיוֹת צָמֵא
tirar, disparar (vi)	lirot	לִירוֹת
tocar (con las manos)	la'ga'at	לָגַעַת
tomar (vt)	la'kaχat	לָקַחַת
tomar nota	lirʃom	לִרְשׁוֹם

trabajar (vi)	la'avod	לַעֲבֹד
traducir (vt)	letargem	לְתַרְגֵּם
unir (vt)	le'axed	לְאַחֵד
vender (vt)	limkor	לִמְכֹּר
ver (vt)	lir'ot	לִרְאוֹת
volar (pájaro, avión)	la'uf	לָעוּף

14. Los colores

color (m)	'tseva	צֶבַע (ז)
matiz (m)	gavan	גָּוֶן (ז)
tono (m)	gavan	גָּוֶן (ז)
arco (m) iris	'kefet	קֶשֶׁת (נ)

blanco (adj)	lavan	לָבָן
negro (adj)	faxor	שָׁחוֹר
gris (adj)	afor	אָפוֹר

verde (adj)	yarok	יָרוֹק
amarillo (adj)	tsahov	צָהוֹב
rojo (adj)	adom	אָדוֹם

azul (adj)	kaxol	כָּחוֹל
azul claro (adj)	taxol	תָּכוֹל
rosa (adj)	varod	וָרוֹד
naranja (adj)	katom	כָּתוֹם
violeta (adj)	segol	סָגוֹל
marrón (adj)	xum	חוּם
dorado (adj)	zahov	זָהוֹב
argentado (adj)	kasuf	כָּסוּף

beige (adj)	beʒ	בֶּז'
crema (adj)	be'tseva krem	בְּצֶבַע קְרֶם
turquesa (adj)	turkiz	טוּרְקִיז
rojo cereza (adj)	bordo	בּוֹרְדוֹ
lila (adj)	segol	סָגוֹל
carmesí (adj)	patol	פָּטוֹל

claro (adj)	bahir	בָּהִיר
oscuro (adj)	kehe	כֵּהֶה
vivo (adj)	bohek	בּוֹהֵק

de color (lápiz ~)	tsiv'oni	צִבְעוֹנִי
en colores (película ~)	tsiv'oni	צִבְעוֹנִי
blanco y negro (adj)	faxor lavan	שָׁחוֹר־לָבָן
unicolor (adj)	xad tsiv'i	חַד־צִבְעִי
multicolor (adj)	sasgoni	סַסְגּוֹנִי

15. Las preguntas

| ¿Quién? | mi? | מִי? |
| ¿Qué? | ma? | מָה? |

¿Dónde?	'eifo?	איפה?
¿Adónde?	le'an?	לאן?
¿De dónde?	me''eifo?	מאיפה?
¿Cuándo?	matai?	מתי?
¿Para qué?	'lama?	למה?
¿Por qué?	ma'du'a?	מדוע?

¿Por qué razón?	biʃvil ma?	בשביל מה?
¿Cómo?	eix, keitsad?	כיצד? איך?
¿Qué …? (~ color)	'eize?	איזה?
¿Cuál?	'eize?	איזה?

¿A quién?	lemi?	למי?
¿De quién? (~ hablan …)	al mi?	על מי?
¿De qué?	al ma?	על מה?
¿Con quién?	im mi?	עם מי?

| ¿Cuánto? | 'kama? | כמה? |
| ¿De quién? | ʃel mi? | של מי? |

16. Las preposiciones

con … (~ algn)	im	עם
sin … (~ azúcar)	bli, lelo	בלי, ללא
a … (p.ej. voy a México)	le…	ל…
de … (hablar ~)	al	על
antes de …	lifnei	לפני
delante de …	lifnei	לפני

debajo	mi'taxat le…	מתחת ל…
sobre …, encima de …	me'al	מעל
en, sobre (~ la mesa)	al	על
de (origen)	mi, me	מ, מ
de (fabricado de)	mi, me	מ, מ

| dentro de … | tox | תוך |
| encima de … | 'derex | דרך |

17. Las palabras útiles. Los adverbios. Unidad 1

¿Dónde?	'eifo?	איפה?
aquí (adv)	po, kan	פה, כאן
allí (adv)	ʃam	שם

| en alguna parte | 'eifo ʃehu | איפה שהוא |
| en ninguna parte | beʃum makom | בשום מקום |

| junto a … | leyad … | ליד … |
| junto a la ventana | leyad haxalon | ליד החלון |

| ¿A dónde? | le'an? | לאן? |
| aquí (venga ~) | 'hena, lekan | הנה; לכאן |

Español	Transliteración	Hebreo
allí (vendré ~)	leʃam	לְשָׁם
de aquí (adv)	mikan	מִכָּאן
de allí (adv)	miʃam	מִשָּׁם
cerca (no lejos)	karov	קָרוֹב
lejos (adv)	raχok	רָחוֹק
cerca de ...	leyad	לְיַד
al lado (de ...)	karov	קָרוֹב
no lejos (adv)	lo raχok	לֹא רָחוֹק
izquierdo (adj)	smali	שְׂמָאלִי
a la izquierda (situado ~)	mismol	מִשְּׂמֹאל
a la izquierda (girar ~)	'smola	שְׂמֹאלָה
derecho (adj)	yemani	יְמָנִי
a la derecha (situado ~)	miyamin	מִיָּמִין
a la derecha (girar)	ya'mina	יָמִינָה
delante (yo voy ~)	mika'dima	מִקָּדִימָה
delantero (adj)	kidmi	קִדְמִי
adelante (movimiento)	ka'dima	קָדִימָה
detrás de ...	me'aχor	מֵאָחוֹר
desde atrás	me'aχor	מֵאָחוֹר
atrás (da un paso ~)	a'χora	אָחוֹרָה
centro (m), medio (m)	'emtsa	אֶמְצַע (ז)
en medio (adv)	ba''emtsa	בָּאֶמְצַע
de lado (adv)	mehatsad	מֵהַצַּד
en todas partes	beχol makom	בְּכָל מָקוֹם
alrededor (adv)	misaviv	מִסָּבִיב
de dentro (adv)	mibifnim	מִבִּפְנִים
a alguna parte	le'an ʃehu	לְאָן שֶׁהוּא
todo derecho (adv)	yaʃar	יָשָׁר
atrás (muévelo para ~)	baχazara	בַּחֲזָרָה
de alguna parte (adv)	me'ei ʃam	מֵאֵי שָׁם
no se sabe de dónde	me'ei ʃam	מֵאֵי שָׁם
primero (adv)	reʃit	רֵאשִׁית
segundo (adv)	ʃenit	שֵׁנִית
tercero (adv)	ʃliʃit	שְׁלִישִׁית
de súbito (adv)	pit'om	פִּתְאוֹם
al principio (adv)	behatslaχa	בְּהַתְחָלָה
por primera vez	lariʃona	לָרִאשׁוֹנָה
mucho tiempo antes ...	zman rav lifnei ...	זְמַן רַב לִפְנֵי ...
de nuevo (adv)	meχadaʃ	מֵחָדָשׁ
para siempre (adv)	letamid	לְתָמִיד
jamás, nunca (adv)	af 'pa'am, me'olam	מֵעוֹלָם, אַף פַּעַם
de nuevo (adv)	ʃuv	שׁוּב
ahora (adv)	aχʃav, ka'et	עַכְשָׁיו, כָּעֵת

frecuentemente (adv)	le'itim krovot	לְעִיתִים קְרוֹבוֹת
entonces (adv)	az	אָז
urgentemente (adv)	bidχifut	בִּדְחִיפוּת
usualmente (adv)	be'dereχ klal	בְּדֶרֶךְ כְּלָל
a propósito, …	'dereχ 'agav	דֶּרֶךְ אַגַב
es probable	efʃari	אֶפְשָׁרִי
probablemente (adv)	kanir'e	כַּנִרְאֶה
tal vez	ulai	אוּלַי
además …	χuts mize …	חוּץ מִזֶה …
por eso …	laχen	לָכֵן
a pesar de …	lamrot …	לַמרוֹת …
gracias a …	hodot le…	הוֹדוֹת לְ…
qué (pron)	ma	מָה
que (conj)	ʃe	שֶׁ
algo (~ le ha pasado)	'maʃehu	מַשֶׁהוּ
algo (~ así)	'maʃehu	מַשֶׁהוּ
nada (f)	klum	כְּלוּם
quien	mi	מִי
alguien (viene ~)	'miʃehu, 'miʃehi	מִישֶׁהוּ (ז), מִישֶׁהִי (נ)
alguien (¿ha llamado ~?)	'miʃehu, 'miʃehi	מִישֶׁהוּ (ז), מִישֶׁהִי (נ)
nadie	af eχad, af aχat	אַף אֶחָד (ז), אַף אַחַת (נ)
a ninguna parte	leʃum makom	לְשׁוּם מָקוֹם
de nadie	lo ʃayaχ le'af eχad	לֹא שַׁיָּךְ לְאַף אֶחָד
de alguien	ʃel 'miʃehu	שֶׁל מִישֶׁהוּ
tan, tanto (adv)	kol kaχ	כָּל־כָּךְ
también (~ habla francés)	gam	גַם
también (p.ej. Yo ~)	gam	גַם

18. Las palabras útiles. Los adverbios. Unidad 2

¿Por qué?	ma'du'a?	מַדוּעַ?
no se sabe porqué	miʃum ma	מִשׁוּם־מָה
porque …	miʃum ʃe	מִשׁוּם שֶׁ
por cualquier razón (adv)	lematara 'kolʃehi	לְמַטָרָה כָּלשֶׁהִי
y (p.ej. uno y medio)	ve …	וְ …
o (p.ej. té o café)	o	אוֹ
pero (p.ej. me gusta, ~)	aval, ulam	אֲבָל, אוּלָם
para (p.ej. es para ti)	biʃvil	בִּשְׁבִיל
demasiado (adv)	yoter midai	יוֹתֵר מִדַי
sólo, solamente (adv)	rak	רַק
exactamente (adv)	bediyuk	בְּדִיוּק
unos …, cerca de … (~ 10 kg)	be"ereχ	בְּעֶרֶךְ
aproximadamente	be"ereχ	בְּעֶרֶךְ
aproximado (adj)	meʃo'ar	מְשׁוֹעָר
casi (adv)	kim'at	כִּמעַט

resto (m)	ʃe'ar	שְׁאָר (ז)
el otro (adj)	aχer	אַחֵר
otro (p.ej. el otro día)	aχer	אַחֵר
cada (adj)	kol	כֹּל
cualquier (adj)	kolʃehu	כָּלְשֶׁהוּ
mucho (adv)	harbe	הַרְבֵּה
muchos (mucha gente)	harbe	הַרְבֵּה
todos	kulam	כּוּלָם
a cambio de …	tmurat …	תְּמוּרַת …
en cambio (adv)	bitmura	בִּתְמוּרָה
a mano (hecho ~)	bayad	בַּיָּד
poco probable	safek im	סָפֵק אִם
probablemente	karov levadai	קָרוֹב לְוַודַּאי
a propósito (adv)	'davka	דַּוְוקָא
por accidente (adv)	bemikre	בְּמִקְרֶה
muy (adv)	me'od	מְאוֹד
por ejemplo (adv)	lemaʃal	לְמָשָׁל
entre (~ nosotros)	bein	בֵּין
entre (~ otras cosas)	be'kerev	בְּקֶרֶב
tanto (~ gente)	kol kaχ harbe	כָּל־כָּךְ הַרְבֵּה
especialmente (adv)	bimyuχad	בִּמְיוּחָד

Conceptos básicos. Unidad 2

19. Los días de la semana

lunes (m)	yom ʃeni	יוֹם שֵׁנִי (ז)
martes (m)	yom ʃliʃi	יוֹם שְׁלִישִׁי (ז)
miércoles (m)	yom reviʻi	יוֹם רְבִיעִי (ז)
jueves (m)	yom xamiʃi	יוֹם חֲמִישִׁי (ז)
viernes (m)	yom ʃiʃi	יוֹם שִׁישִׁי (ז)
sábado (m)	ʃabat	שַׁבָּת (נ)
domingo (m)	yom riʃon	יוֹם רִאשׁוֹן (ז)
hoy (adv)	hayom	הַיוֹם
mañana (adv)	maxar	מָחָר
pasado mañana	maxaraʼtayim	מָחֳרָתַיִים
ayer (adv)	etmol	אֶתמוֹל
anteayer (adv)	ʃilʃom	שִׁלשׁוֹם
día (m)	yom	יוֹם (ז)
día (m) de trabajo	yom avoda	יוֹם עֲבוֹדָה (ז)
día (m) de fiesta	yom xag	יוֹם חַג (ז)
día (m) de descanso	yom menuxa	יוֹם מְנוּחָה (ז)
fin (m) de semana	sof ʃaʻvuʻa	סוֹף שָׁבוּעַ
todo el día	kol hayom	כָּל הַיוֹם
al día siguiente	lamaxarat	לַמָחֳרָת
dos días atrás	lifnei yoʼmayim	לִפנֵי יוֹמַיִים
en vísperas (adv)	ʼerev	עֶרֶב
diario (adj)	yomyomi	יוֹמיוֹמִי
cada día (adv)	midei yom	מִדֵי יוֹם
semana (f)	ʃaʻvua	שָׁבוּעַ (ז)
semana (f) pasada	baʃaʻvuʻa ʃeʻavar	בַּשָׁבוּעַ שֶׁעָבַר
semana (f) que viene	baʃaʻvuʻa haba	בַּשָׁבוּעַ הַבָּא
semanal (adj)	ʃvuʻi	שְׁבוּעִי
cada semana (adv)	kol ʃaʻvuʻa	כָּל שָׁבוּעַ
2 veces por semana	paʻaʼmayim beʃaʻvuʻa	פַּעֲמַיִים בְּשָׁבוּעַ
todos los martes	kol yom ʃliʃi	כָּל יוֹם שְׁלִישִׁי

20. Las horas. El día y la noche

mañana (f)	ʼboker	בּוֹקֶר (ז)
por la mañana	baʼboker	בַּבּוֹקֶר
mediodía (m)	tsahaʼrayim	צָהֳרַיִים (ז״ר)
por la tarde	axar hatsahaʼrayim	אַחַר הַצָהֳרַיִים
noche (f)	ʼerev	עֶרֶב (ז)
por la noche	baʼʼerev	בָּעֶרֶב

noche (f) (p.ej. 2:00 a.m.)	'laila	לַיְלָה (ז)
por la noche	ba'laila	בַּלַיְלָה
medianoche (f)	xatsot	חֲצוֹת (נ)

segundo (m)	ʃniya	שְׁנִיָּה (נ)
minuto (m)	daka	דַּקָּה (נ)
hora (f)	ʃa'a	שָׁעָה (נ)
media hora (f)	xatsi ʃa'a	חֲצִי שָׁעָה (נ)
cuarto (m) de hora	'reva ʃa'a	רֶבַע שָׁעָה (ז)
quince minutos	xameʃ esre dakot	חָמֵשׁ עֶשְׂרֵה דַּקּוֹת
veinticuatro horas	yemama	יְמָמָה (נ)

salida (f) del sol	zrixa	זְרִיחָה (נ)
amanecer (m)	'ʃaxar	שַׁחַר (ז)
madrugada (f)	'ʃaxar	שַׁחַר (ז)
puesta (f) del sol	ʃki'a	שְׁקִיעָה (נ)

de madrugada	mukdam ba'boker	מוּקְדָּם בַּבּוֹקֶר
esta mañana	ha'boker	הַבּוֹקֶר
mañana por la mañana	maxar ba'boker	מָחָר בַּבּוֹקֶר

esta tarde	hayom axarei hatzaha'rayim	הַיּוֹם אַחֲרֵי הַצָּהֳרַיִים
por la tarde	axar hatsaha'rayim	אַחַר הַצָּהֳרַיִים
mañana por la tarde	maxar axarei hatsaha'rayim	מָחָר אַחֲרֵי הַצָּהֳרַיִים

esta noche (p.ej. 8:00 p.m.)	ha"erev	הָעֶרֶב
mañana por la noche	maxar ba"erev	מָחָר בָּעֶרֶב

a las tres en punto	baʃa'a ʃaloʃ bediyuk	בְּשָׁעָה שָׁלוֹשׁ בְּדִיּוּק
a eso de las cuatro	bisvivot arba	בִּסְבִיבוֹת אַרְבַּע
para las doce	ad ʃteim esre	עַד שְׁתֵּים־עֶשְׂרֵה

dentro de veinte minutos	be'od esrim dakot	בְּעוֹד עֶשְׂרִים דַּקּוֹת
dentro de una hora	be'od ʃa'a	בְּעוֹד שָׁעָה
a tiempo (adv)	bazman	בַּזְמַן

… menos cuarto	'reva le…	רֶבַע לְ…
durante una hora	tox ʃa'a	תּוֹךְ שָׁעָה
cada quince minutos	kol 'reva ʃa'a	כָּל רֶבַע שָׁעָה
día y noche	misaviv laʃa'on	מִסָּבִיב לַשָּׁעוֹן

21. Los meses. Las estaciones

enero (m)	'yanu'ar	יָנוּאָר (ז)
febrero (m)	'febru'ar	פֶבְּרוּאָר (ז)
marzo (m)	merts	מֶרְץ (ז)
abril (m)	april	אַפְּרִיל (ז)
mayo (m)	mai	מַאי (ז)
junio (m)	'yuni	יוּנִי (ז)

julio (m)	'yuli	יוּלִי (ז)
agosto (m)	'ogust	אוֹגוּסְט (ז)
septiembre (m)	sep'tember	סֶפְּטֶמְבֶּר (ז)
octubre (m)	ok'tober	אוֹקְטוֹבֶּר (ז)

noviembre (m)	no'vember	נוֹבֶמְבֶּר (ז)
diciembre (m)	de'tsember	דֶּצֶמְבֶּר (ז)
primavera (f)	aviv	אָבִיב (ז)
en primavera	ba'aviv	בָּאָבִיב
de primavera (adj)	avivi	אֲבִיבִי
verano (m)	'kayits	קַיִץ (ז)
en verano	ba'kayits	בַּקַיִץ
de verano (adj)	ketsi	קֵיצִי
otoño (m)	stav	סְתָיו (ז)
en otoño	bestav	בִּסְתָיו
de otoño (adj)	stavi	סְתָווִי
invierno (m)	'xoref	חוֹרֶף (ז)
en invierno	ba'xoref	בַּחוֹרֶף
de invierno (adj)	xorpi	חוֹרְפִי
mes (m)	'xodeʃ	חוֹדֶשׁ (ז)
este mes	ha'xodeʃ	הַחוֹדֶשׁ
al mes siguiente	ba'xodeʃ haba	בַּחוֹדֶשׁ הַבָּא
el mes pasado	ba'xodeʃ ʃe'avar	בַּחוֹדֶשׁ שֶׁעָבַר
hace un mes	lifnei 'xodeʃ	לִפְנֵי חוֹדֶשׁ
dentro de un mes	be'od 'xodeʃ	בְּעוֹד חוֹדֶשׁ
dentro de dos meses	be'od xod'ʃayim	בְּעוֹד חוֹדְשַׁיִים
todo el mes	kol ha'xodeʃ	כָּל הַחוֹדֶשׁ
todo un mes	kol ha'xodeʃ	כָּל הַחוֹדֶשׁ
mensual (adj)	xodʃi	חוֹדְשִׁי
mensualmente (adv)	xodʃit	חוֹדְשִׁית
cada mes	kol 'xodeʃ	כָּל חוֹדֶשׁ
dos veces por mes	pa'a'mayim be'xodeʃ	פַּעֲמַיִים בְּחוֹדֶשׁ
año (m)	ʃana	שָׁנָה (נ)
este año	haʃana	הַשָׁנָה
el próximo año	baʃana haba'a	בַּשָׁנָה הַבָּאָה
el año pasado	baʃana ʃe'avra	בַּשָׁנָה שֶׁעָבְרָה
hace un año	lifnei ʃana	לִפְנֵי שָׁנָה
dentro de un año	be'od ʃana	בְּעוֹד שָׁנָה
dentro de dos años	be'od ʃna'tayim	בְּעוֹד שְׁנָתַיִים
todo el año	kol haʃana	כָּל הַשָׁנָה
todo un año	kol haʃana	כָּל הַשָׁנָה
cada año	kol ʃana	כָּל שָׁנָה
anual (adj)	ʃnati	שְׁנָתִי
anualmente (adv)	midei ʃana	מִדֵי שָׁנָה
cuatro veces por año	arba pa'amim be'xodeʃ	אַרְבַּע פְּעָמִים בְּחוֹדֶשׁ
fecha (f) (la ~ de hoy es …)	ta'arix	תַּאֲרִיךְ (ז)
fecha (f) (~ de entrega)	ta'arix	תַּאֲרִיךְ (ז)
calendario (m)	'luax ʃana	לוּחַ שָׁנָה (ז)
medio año (m)	xatsi ʃana	חֲצִי שָׁנָה (ז)
seis meses	ʃiʃa xodaʃim, xatsi ʃana	חֲצִי שָׁנָה, שִׁישָׁה חוֹדָשִׁים

estación (f)	ona	עוֹנָה (נ)
siglo (m)	'me'a	מֵאָה (נ)

22. Las unidades de medida

peso (m)	miʃkal	מִשְׁקָל (ז)
longitud (f)	'oreχ	אוֹרֶךְ (ז)
anchura (f)	'roχav	רוֹחַב (ז)
altura (f)	'gova	גּוֹבַהּ (ז)
profundidad (f)	'omek	עוֹמֶק (ז)
volumen (m)	'nefaχ	נֶפַח (ז)
área (f)	ʃetaχ	שֶׁטַח (ז)
gramo (m)	gram	גְּרָם (ז)
miligramo (m)	miligram	מִילִיגְרָם (ז)
kilogramo (m)	kilogram	קִילוֹגְרָם (ז)
tonelada (f)	ton	טוֹן (ז)
libra (f)	'pa'und	פָּאוּנד (ז)
onza (f)	'unkiya	אוּנְקִיָה (נ)
metro (m)	'meter	מֶטֶר (ז)
milímetro (m)	mili'meter	מִילִימֶטֶר (ז)
centímetro (m)	senti'meter	סֶנְטִימֶטֶר (ז)
kilómetro (m)	kilo'meter	קִילוֹמֶטֶר (ז)
milla (f)	mail	מַייל (ז)
pulgada (f)	intʃ	אִינְץ' (ז)
pie (m)	'regel	רֶגֶל (נ)
yarda (f)	yard	יַרְד (ז)
metro (m) cuadrado	'meter ra'vuʿa	מֶטֶר רָבוּעַ (ז)
hectárea (f)	hektar	הֶקְטָר (ז)
litro (m)	litr	לִיטר (ז)
grado (m)	maʿala	מַעֲלָה (נ)
voltio (m)	volt	וֹולט (י)
amperio (m)	amper	אַמְפֶּר (ז)
caballo (m) de fuerza	'koaχ sus	כּוֹחַ סוּס (ז)
cantidad (f)	kamut	כַּמוּת (נ)
un poco de …	ktsat …	קְצָת …
mitad (f)	'χetsi	חֲצִי (ז)
docena (f)	tresar	תְּרֵיסָר (ז)
pieza (f)	yeχida	יְחִידָה (נ)
dimensión (f)	'godel	גּוֹדֶל (ז)
escala (f) (del mapa)	kne mida	קְנֵה מִידָה (ז)
mínimo (adj)	mini'mali	מִינִימָאלִי
el más pequeño (adj)	hakatan beyoter	הַקָּטָן בְּיוֹתֵר
medio (adj)	memutsa	מְמוּצָע
máximo (adj)	maksi'mali	מַקְסִימָלִי
el más grande (adj)	hagadol beyoter	הַגָּדוֹל בְּיוֹתֵר

23. Contenedores

tarro (m) de vidrio	tsin'tsenet	צִנְצֶנֶת (נ)
lata (f)	paχit	פַּחִית (נ)
cubo (m)	dli	דְּלִי (ז)
barril (m)	χavit	חָבִית (נ)
palangana (f)	gigit	גִּיגִית (נ)
tanque (m)	meiχal	מֵיכָל (ז)
petaca (f) (de alcohol)	meimiya	מֵימִייָה (נ)
bidón (m) de gasolina	'dʒerikan	גֶ׳רִיקָן (ז)
cisterna (f)	meχalit	מֵיכָלִית (נ)
taza (f) (mug de cerámica)	'sefel	סֵפֶל (ז)
taza (f) (~ de café)	'sefel	סֵפֶל (ז)
platillo (m)	taχtit	תַּחְתִּית (נ)
vaso (m) (~ de agua)	kos	כּוֹס (נ)
copa (f) (~ de vino)	ga'vi'a	גָּבִיעַ (ז)
olla (f)	sir	סִיר (ז)
botella (f)	bakbuk	בַּקְבּוּק (ז)
cuello (m) de botella	tsavar habakbuk	צַוַּואר הַבַּקְבּוּק (ז)
garrafa (f)	kad	כַּד (ז)
jarro (m) (~ de agua)	kankan	קַנְקַן (ז)
recipiente (m)	kli	כְּלִי (ז)
tarro (m)	sir 'χeres	סִיר חֶרֶס (ז)
florero (m)	agartal	אֲגַרְטָל (ז)
frasco (m) (~ de perfume)	tsloχit	צְלוֹחִית (נ)
frasquito (m)	bakbukon	בַּקְבּוּקוֹן (ז)
tubo (m)	ʃfo'feret	שְׁפוֹפֶרֶת (נ)
saco (m) (~ de azúcar)	sak	שַׂק (ז)
bolsa (f) (~ plástica)	sakit	שַׂקִּית (נ)
paquete (m) (~ de cigarrillos)	χafisa	חֲפִיסָה (נ)
caja (f)	kufsa	קוּפְסָה (נ)
cajón (m) (~ de madera)	argaz	אַרְגָּז (ז)
cesta (f)	sal	סַל (ז)

EL SER HUMANO

El ser humano. El cuerpo

24. La cabeza

cabeza (f)	roʃ	רֹאשׁ (ז)
cara (f)	panim	פָּנִים (ז״ר)
nariz (f)	af	אַף (ז)
boca (f)	pe	פֶּה (ז)
ojo (m)	'ayin	עַיִן (נ)
ojos (m pl)	ei'nayim	עֵינַיִים (נ״ר)
pupila (f)	iʃon	אִישׁוֹן (ז)
ceja (f)	gaba	גַּבָּה (נ)
pestaña (f)	ris	רִיס (ז)
párpado (m)	af'af	עַפְעַף (ז)
lengua (f)	laʃon	לָשׁוֹן (נ)
diente (m)	ʃen	שֵׁן (נ)
labios (m pl)	sfa'tayim	שְׂפָתַיִים (נ״ר)
pómulos (m pl)	atsamot leχa'yayim	עַצְמוֹת לְחָיַיִם (נ״ר)
encía (f)	χani'χayim	חָנִיכַיִים (ז״ר)
paladar (m)	χeχ	חֵךְ (ז)
ventanas (f pl)	neχi'rayim	נְחִירַיִים (ז״ר)
mentón (m)	santer	סַנְטֵר (ז)
mandíbula (f)	'leset	לֶסֶת (נ)
mejilla (f)	'leχi	לְחִי (נ)
frente (f)	'metsaχ	מֵצַח (ז)
sien (f)	raka	רַקָּה (נ)
oreja (f)	'ozen	אוֹזֶן (נ)
nuca (f)	'oref	עוֹרֶף (ז)
cuello (m)	tsavar	צַוָּאר (ז)
garganta (f)	garon	גָּרוֹן (ז)
pelo, cabello (m)	se'ar	שֵׂיעָר (ז)
peinado (m)	tis'roket	תִּסְרוֹקֶת (נ)
corte (m) de pelo	tis'poret	תִּסְפּוֹרֶת (נ)
peluca (f)	pe'a	פֵּאָה (נ)
bigote (m)	safam	שָׂפָם (ז)
barba (f)	zakan	זָקָן (ז)
tener (~ la barba)	legadel	לְגַדֵּל
trenza (f)	tsama	צַמָּה
patillas (f pl)	pe'ot leχa'yayim	פֵּאוֹת לְחָיַיִם (נ״ר)
pelirrojo (adj)	'dʒindʒi	ג׳ינג׳י
gris, canoso (adj)	kasuf	כָּסוּף

calvo (adj)	ke'reax	קֵירֵחַ
calva (f)	ka'raxat	קָרַחַת (נ)
cola (f) de caballo	'kuku	קוּקוּ (ז)
flequillo (m)	'poni	פּוֹנִי (ז)

25. El cuerpo

mano (f)	kaf yad	כַּף יָד (נ)
brazo (m)	yad	יָד (נ)
dedo (m)	'etsba	אֶצְבַּע (נ)
dedo (m) del pie	'bohen	בּוֹהֶן (נ)
dedo (m) pulgar	agudal	אֲגוּדָל (ז)
dedo (m) meñique	'zeret	זֶרֶת (נ)
uña (f)	tsi'poren	צִיפּוֹרֶן (נ)
puño (m)	egrof	אֶגְרוֹף (ז)
palma (f)	kaf yad	כַּף יָד (נ)
muñeca (f)	ʃoreʃ kaf hayad	שׁוֹרֶשׁ כַּף הַיָד (ז)
antebrazo (m)	ama	אַמָה (נ)
codo (m)	marpek	מַרְפֵּק (ז)
hombro (m)	katef	כָּתֵף (נ)
pierna (f)	'regel	רֶגֶל (נ)
planta (f)	kaf 'regel	כַּף רֶגֶל (נ)
rodilla (f)	'berex	בֶּרֶךְ (נ)
pantorrilla (f)	ʃok	שׁוֹק (ז)
cadera (f)	yarex	יָרֵךְ (ז)
talón (m)	akev	עָקֵב (ז)
cuerpo (m)	guf	גוּף (ז)
vientre (m)	'beten	בֶּטֶן (נ)
pecho (m)	xaze	חָזֶה (ז)
seno (m)	ʃad	שַׁד (ז)
lado (m), costado (m)	tsad	צַד (ז)
espalda (f)	gav	גַב (ז)
zona (f) lumbar	mot'nayim	מוֹתְנַיִים (ז"ר)
cintura (f), talle (m)	'talya	טַלְיָה (נ)
ombligo (m)	tabur	טַבּוּר (ז)
nalgas (f pl)	axo'rayim	אֲחוֹרַיִים (ז"ר)
trasero (m)	yaʃvan	יַשְׁבָן (ז)
lunar (m)	nekudat xen	נְקוּדַת חֵן (נ)
marca (f) de nacimiento	'ketem leida	כֶּתֶם לֵידָה (ז)
tatuaje (m)	ka'a'ku'a	קַעֲקוּעַ (ז)
cicatriz (f)	tsa'leket	צַלֶקֶת (נ)

La ropa y los accesorios

26. La ropa exterior. Los abrigos

ropa (f)	bgadim	בְּגָדִים (ז"ר)
ropa (f) de calle	levuʃ elyon	לְבוּשׁ עֶלְיוֹן (ז)
ropa (f) de invierno	bigdei 'χoref	בִּגְדֵי חוֹרֶף (ז"ר)
abrigo (m)	me'il	מְעִיל (ז)
abrigo (m) de piel	me'il parva	מְעִיל פַּרְוָה (ז)
abrigo (m) corto de piel	me'il parva katsar	מְעִיל פַּרְוָה קָצָר (ז)
chaqueta (f) plumón	me'il puχ	מְעִיל פּוּךְ (ז)
cazadora (f)	me'il katsar	מְעִיל קָצָר (ז)
impermeable (m)	me'il 'geʃem	מְעִיל גֶּשֶׁם (ז)
impermeable (adj)	amid be'mayim	עָמִיד בְּמַיִם

27. Ropa de hombre y mujer

camisa (f)	χultsa	חוּלְצָה (נ)
pantalones (m pl)	miχna'sayim	מִכְנָסַיִים (ז"ר)
jeans, vaqueros (m pl)	miχnesei 'dʒins	מִכְנְסֵי גִ'ינְס (ז"ר)
chaqueta (f), saco (m)	ʒaket	זָ'קֵט (ז)
traje (m)	χalifa	חֲלִיפָה (נ)
vestido (m)	simla	שִׂמְלָה (נ)
falda (f)	χatsa'it	חֲצָאִית (נ)
blusa (f)	χultsa	חוּלְצָה (נ)
rebeca (f), chaqueta (f) de punto	ʒaket 'tsemer	זָ'קֵט צֶמֶר (ז)
chaqueta (f)	ʒaket	זָ'קֵט (ז)
camiseta (f) (T-shirt)	ti ʃert	טִי שֵׁרְט (ז)
pantalones (m pl) cortos	miχna'sayim ktsarim	מִכְנָסַיִים קְצָרִים (ז"ר)
traje (m) deportivo	'trening	טְרֵנִינְג (ז)
bata (f) de baño	χaluk raχatsa	חָלוּק רַחֲצָה (ז)
pijama (m)	pi'dʒama	פִּיגָ'מָה (נ)
suéter (m)	'sveder	סְוֶודֶר (ז)
pulóver (m)	afuda	אֲפוּדָה (נ)
chaleco (m)	vest	וֶסְט (ז)
frac (m)	frak	פְרָאק (ז)
esmoquin (m)	tuk'sido	טוּקְסִידוֹ (ז)
uniforme (m)	madim	מַדִים (ז"ר)
ropa (f) de trabajo	bigdei avoda	בִּגְדֵי עֲבוֹדָה (ז"ר)
mono (m)	sarbal	סַרְבָּל (ז)
bata (f) (p. ej. ~ blanca)	χaluk	חָלוּק (ז)

28. La ropa. La ropa interior

ropa (f) interior	levanim	לְבָנִים (ז״ר)
bóxer (m)	taxtonim	תַּחְתּוֹנִים (ז״ר)
bragas (f pl)	taxtonim	תַּחְתּוֹנִים (ז״ר)
camiseta (f) interior	gufiya	גּוּפִיָּה (נ)
calcetines (m pl)	gar'bayim	גַּרְבַּיִם (ז״ר)
camisón (m)	'ktonet 'laila	כְּתוֹנֶת לַיְלָה (נ)
sostén (m)	xaziya	חֲזִיָּה (נ)
calcetines (m pl) altos	birkon	בִּרְכּוֹן (ז)
pantimedias (f pl)	garbonim	גַּרְבּוֹנִים (ז״ר)
medias (f pl)	garbei 'nailon	גַּרְבֵּי נַיְלוֹן (ז״ר)
traje (m) de baño	'beged yam	בֶּגֶד יָם (ז)

29. Gorras

gorro (m)	'kova	כּוֹבַע (ז)
sombrero (m) de fieltro	'kova 'leved	כּוֹבַע לֶבֶד (ז)
gorra (f) de béisbol	'kova 'beisbol	כּוֹבַע בֵּייסְבּוֹל (ז)
gorra (f) plana	'kova mitsxiya	כּוֹבַע מִצְחִיָּה (ז)
boina (f)	baret	בֶּרֶט (ז)
capuchón (m)	bardas	בַּרְדָּס (ז)
panamá (m)	'kova 'tembel	כּוֹבַע טֶמְבֶּל (ז)
gorro (m) de punto	'kova 'gerev	כּוֹבַע גֶּרֶב (ז)
pañuelo (m)	mit'paxat	מִטְפַּחַת (נ)
sombrero (m) de mujer	'kova	כּוֹבַע (ז)
casco (m) (~ protector)	kasda	קַסְדָּה (נ)
gorro (m) de campaña	kumta	כּוּמְתָּה (נ)
casco (m) (~ de moto)	kasda	קַסְדָּה (נ)
bombín (m)	mig'ba'at me'u'gelet	מִגְבַּעַת מְעוּגֶלֶת (נ)
sombrero (m) de copa	tsi'linder	צִילִינְדֶּר (ז)

30. El calzado

calzado (m)	han'ala	הַנְעָלָה (נ)
botas (f pl)	na'a'layim	נַעֲלַיִם (נ״ר)
zapatos (m pl) (~ de tacón bajo)	na'a'layim	נַעֲלַיִם (נ״ר)
botas (f pl) altas	maga'fayim	מַגָּפַיִם (ז״ר)
zapatillas (f pl)	na'alei 'bayit	נַעֲלֵי בַּיִת (נ״ר)
tenis (m pl)	na'alei sport	נַעֲלֵי סְפּוֹרְט (נ״ר)
zapatillas (f pl) de lona	na'alei sport	נַעֲלֵי סְפּוֹרְט (נ״ר)
sandalias (f pl)	sandalim	סַנְדָּלִים (ז״ר)
zapatero (m)	sandlar	סַנְדְּלָר (ז)
tacón (m)	akev	עָקֵב (ז)

par (m)	zug	זוּג (ז)
cordón (m)	sroχ	שְׂרוֹךְ (ז)
encordonar (vt)	lisroχ	לִשְׂרוֹךְ
calzador (m)	kaf naʻaʻlayim	כַּף נַעֲלַיִים (נ)
betún (m)	miʃχat naʻaʻlayim	מִשְׁחַת נַעֲלַיִים (נ)

31. Accesorios personales

guantes (m pl)	kfafot	כְּפָפוֹת (נ"ר)
manoplas (f pl)	kfafot	כְּפָפוֹת (נ"ר)
bufanda (f)	tsaʻif	צָעִיף (ז)

gafas (f pl)	miʃkaʻfayim	מִשְׁקָפַיִים (ז"ר)
montura (f)	misʻgeret	מִסְגֶרֶת (נ)
paraguas (m)	mitriya	מִטְרִייָה (נ)
bastón (m)	makel haliχa	מַקֵל הֲלִיכָה (ז)
cepillo (m) de pelo	miv'reʃet seʻar	מִבְרֶשֶׁת שֵׂיעָר (נ)
abanico (m)	menifa	מְנִיפָה (נ)

corbata (f)	aniva	עֲנִיבָה (נ)
pajarita (f)	anivat parpar	עֲנִיבַת פַּרְפַּר (נ)
tirantes (m pl)	ktefiyot	כְּתֵפִיוֹת (נ"ר)
moquero (m)	mimχata	מִמְחָטָה (נ)

peine (m)	masrek	מַסְרֵק (ז)
pasador (m) de pelo	sikat roʃ	סִיכַּת רֹאשׁ (נ)
horquilla (f)	sikat seʻar	סִיכַּת שֵׂיעָר (נ)
hebilla (f)	avzam	אַבְזָם (ז)

| cinturón (m) | χagora | חֲגוֹרָה (נ) |
| correa (f) (de bolso) | retsuʻat katef | רְצוּעַת כָּתֵף (נ) |

bolsa (f)	tik	תִיק (ז)
bolso (m)	tik	תִיק (ז)
mochila (f)	tarmil	תַרְמִיל (ז)

32. La ropa. Miscelánea

moda (f)	ofna	אוֹפְנָה (נ)
de moda (adj)	ofnati	אוֹפְנָתִי
diseñador (m) de moda	meʻatsev ofna	מְעַצֵב אוֹפְנָה (ז)

cuello (m)	tsavaron	צַוַוארוֹן (ז)
bolsillo (m)	kis	כִּיס (ז)
de bolsillo (adj)	ʃel kis	שֶׁל כִּיס
manga (f)	ʃarvul	שַׁרְווּל (ז)
presilla (f)	mitle	מִתְלֶה (ז)
bragueta (f)	χanut	חָנוּת (נ)

cremallera (f)	roχsan	רוֹכְסָן (ז)
cierre (m)	'keres	קֶרֶס (ז)
botón (m)	kaftor	כַּפְתוֹר (ז)

ojal (m)	lula'a	לוּלָאָה (נ)
saltar (un botón)	lehitaleʃ	לְהִיתָּלֵשׁ
coser (vi, vt)	litpor	לִתְפּוֹר
bordar (vt)	lirkom	לִרְקוֹם
bordado (m)	rikma	רִקְמָה (נ)
aguja (f)	'maχat tfira	מַחַט תְּפִירָה (נ)
hilo (m)	χut	חוּט (ז)
costura (f)	'tefer	תֶּפֶר (ז)
ensuciarse (vr)	lehitlaχleχ	לְהִתְלַכְלֵךְ
mancha (f)	'ketem	כֶּתֶם (ז)
arrugarse (vr)	lehitkamet	לְהִתְקַמֵּט
rasgar (vt)	lik'ro'a	לִקְרוֹעַ
polilla (f)	aʃ	עָשׁ (ז)

33. Productos personales. Cosméticos

pasta (f) de dientes	miʃχat ʃi'nayim	מִשְׁחַת שִׁינַּיִים (נ)
cepillo (m) de dientes	miv'reʃet ʃi'nayim	מִבְרֶשֶׁת שִׁינַּיִים (נ)
limpiarse los dientes	letsaχ'tseaχ ʃi'nayim	לְצַחְצֵחַ שִׁינַּיִים
maquinilla (f) de afeitar	'ta'ar	תַּעַר (ז)
crema (f) de afeitar	'ketsef gi'luaχ	קֶצֶף גִּילּוּחַ (ז)
afeitarse (vr)	lehitga'leaχ	לְהִתְגַּלֵּחַ
jabón (m)	sabon	סַבּוֹן (ז)
champú (m)	ʃampu	שַׁמְפּוּ (ז)
tijeras (f pl)	mispa'rayim	מִסְפָּרַיִים (ז"ר)
lima (f) de uñas	ptsira	פְּצִירָה (נ)
cortaúñas (m pl)	gozez tsipor'nayim	גּוֹזֵז צִיפּוֹרְנַיִים (ז)
pinzas (f pl)	pin'tseta	פִּינְצֶטָה (נ)
cosméticos (m pl)	tamrukim	תַּמְרוּקִים (ז"ר)
mascarilla (f)	maseχa	מַסֵכָה (נ)
manicura (f)	manikur	מָנִיקוּר (ז)
hacer la manicura	la'asot manikur	לַעֲשׂוֹת מָנִיקוּר
pedicura (f)	pedikur	פֶּדִיקוּר (ז)
bolsa (f) de maquillaje	tik ipur	תִּיק אִיפּוּר (ז)
polvos (m pl)	'pudra	פּוּדְרָה (נ)
polvera (f)	pudriya	פּוּדְרִיָּה (נ)
colorete (m), rubor (m)	'somek	סוֹמֶק (ז)
perfume (m)	'bosem	בּוֹשֶׂם (ז)
agua (f) de tocador	mei 'bosem	מֵי בּוֹשֶׂם (ז"ר)
loción (f)	mei panim	מֵי פָּנִים (ז"ר)
agua (f) de Colonia	mei 'bosem	מֵי בּוֹשֶׂם (ז"ר)
sombra (f) de ojos	tslalit	צְלָלִית (נ)
lápiz (m) de ojos	ai 'lainer	אַיי לַיינֶר (ז)
rímel (m)	'maskara	מַסְקָרָה (נ)
pintalabios (m)	sfaton	שְׂפָתוֹן (ז)

esmalte (m) de uñas	'laka letsipor'nayim	לַכָּה לְצִיפּוֹרְנַיִים (נ)
fijador (m) para el pelo	tarsis lese'ar	תַרְסִיס לְשֵׂיעָר (ז)
desodorante (m)	de'odo'rant	דָאוֹדוֹרַנט (ז)

crema (f)	krem	קְרֶם (ז)
crema (f) de belleza	krem panim	קְרֶם פָּנִים (ז)
crema (f) de manos	krem ya'dayim	קְרֶם יָדַיִים (ז)
crema (f) antiarrugas	krem 'neged kmatim	קְרֶם נֶגֶד קְמָטִים (ז)
crema (f) de día	krem yom	קְרֶם יוֹם (ז)
crema (f) de noche	krem 'laila	קְרֶם לַיְלָה (ז)
de día (adj)	yomi	יוֹמִי
de noche (adj)	leili	לֵילִי

tampón (m)	tampon	טַמְפּוֹן (ז)
papel (m) higiénico	neyar tu'alet	נְיָיר טוּאָלֵט (ז)
secador (m) de pelo	meyabeʃ se'ar	מְיַבֵּשׁ שֵׂיעָר (ז)

34. Los relojes

reloj (m)	ʃe'on yad	שְׁעוֹן יָד (ז)
esfera (f)	'luaχ ʃa'on	לוּחַ שָׁעוֹן (ז)
aguja (f)	maχog	מָחוֹג (ז)
pulsera (f)	tsamid	צָמִיד (ז)
correa (f) (del reloj)	retsu'a leʃa'on	רְצוּעָה לְשָׁעוֹן (נ)

pila (f)	solela	סוֹלְלָה (נ)
descargarse (vr)	lehitroken	לְהִתְרוֹקֵן
cambiar la pila	lehaχlif	לְהַחֲלִיף
adelantarse (vr)	lemaher	לְמַהֵר
retrasarse (vr)	lefager	לְפַגֵּר

reloj (m) de pared	ʃe'on kir	שְׁעוֹן קִיר (ז)
reloj (m) de arena	ʃe'on χol	שְׁעוֹן חוֹל (ז)
reloj (m) de sol	ʃe'on 'ʃemeʃ	שְׁעוֹן שֶׁמֶשׁ (ז)
despertador (m)	ʃa'on me'orer	שְׁעוֹן מְעוֹרֵר (ז)
relojero (m)	ʃa'an	שָׁעָן (ז)
reparar (vt)	letaken	לְתַקֵּן

La comida y la nutrición

35. La comida

carne (f)	basar	בָּשָׂר (ז)
gallina (f)	of	עוֹף (ז)
pollo (m)	pargit	פַּרְגִּית (נ)
pato (m)	barvaz	בַּרְוָז (ז)
ganso (m)	avaz	אֲוָז (ז)
caza (f) menor	'tsayid	צַיִד (ז)
pava (f)	'hodu	הוֹדוּ (ז)
carne (f) de cerdo	basar χazir	בְּשַׂר חֲזִיר (ז)
carne (f) de ternera	basar 'egel	בְּשַׂר עֵגֶל (ז)
carne (f) de carnero	basar 'keves	בְּשַׂר כֶּבֶשׂ (ז)
carne (f) de vaca	bakar	בָּקָר (ז)
conejo (m)	arnav	אַרְנָב (ז)
salchichón (m)	naknik	נַקְנִיק (ז)
salchicha (f)	naknikiya	נַקְנִיקִייָה (נ)
beicon (m)	'kotel χazir	קוֹתֶל חֲזִיר (ז)
jamón (m)	basar χazir me'uʃan	בְּשַׂר חֲזִיר מְעוּשָּׁן (ז)
jamón (m) fresco	'kotel χazir me'uʃan	קוֹתֶל חֲזִיר מְעוּשָּׁן (ז)
paté (m)	pate	פָּטֶה (ז)
hígado (m)	kaved	כָּבֵד (ז)
carne (f) picada	basar taχun	בְּשַׂר טָחוּן (ז)
lengua (f)	laʃon	לָשׁוֹן (נ)
huevo (m)	beitsa	בֵּיצָה (נ)
huevos (m pl)	beitsim	בֵּיצִים (נ"ר)
clara (f)	χelbon	חֶלְבּוֹן (ז)
yema (f)	χelmon	חֶלְמוֹן (ז)
pescado (m)	dag	דָּג (ז)
mariscos (m pl)	perot yam	פֵּירוֹת יָם (ז"ר)
crustáceos (m pl)	sartana'im	סַרְטָנָאִים (ז"ר)
caviar (m)	kavyar	קָווִיאָר (ז)
cangrejo (m) de mar	sartan yam	סַרְטַן יָם (ז)
camarón (m)	ʃrimps	שְׁרִימְפְּס (ז"ר)
ostra (f)	tsidpat ma'aχal	צִדְפַּת מַאֲכָל (נ)
langosta (f)	'lobster kotsani	לוֹבְּסְטֶר קוֹצָנִי (ז)
pulpo (m)	tamnun	תַּמְנוּן (ז)
calamar (m)	kala'mari	קָלָמָארִי (ז)
esturión (m)	basar haχidkan	בְּשַׂר הַחִדְקָן (ז)
salmón (m)	'salmon	סַלְמוֹן (ז)
fletán (m)	putit	פּוּטִית (נ)
bacalao (m)	ʃibut	שִׁיבּוּט (ז)

caballa (f)	kolyas	קוֹלְיָס (ז)
atún (m)	'tuna	טוּנָה (נ)
anguila (f)	tslofax	צְלוֹפָח (ז)
trucha (f)	forel	פּוֹרֶל (ז)
sardina (f)	sardin	סַרְדִין (ז)
lucio (m)	ze'ev 'mayim	זְאֵב מַיִם (ז)
arenque (m)	ma'liax	מָלִיחַ (ז)
pan (m)	'lexem	לֶחֶם (ז)
queso (m)	gvina	גְבִינָה (נ)
azúcar (m)	sukar	סוּכָּר (ז)
sal (f)	'melax	מֶלַח (ז)
arroz (m)	'orez	אוֹרֶז (ז)
macarrones (m pl)	'pasta	פַּסְטָה (נ)
tallarines (m pl)	irtiyot	אִטְרִיוֹת (נ״ר)
mantequilla (f)	xem'a	חֶמְאָה (נ)
aceite (m) vegetal	'ʃemen tsimxi	שֶׁמֶן צִמְחִי (ז)
aceite (m) de girasol	'ʃemen xamaniyot	שֶׁמֶן חַמָנִיוֹת (ז)
margarina (f)	marga'rina	מַרְגָרִינָה (נ)
olivas, aceitunas (f pl)	zeitim	זֵיתִים (ז״ר)
aceite (m) de oliva	'ʃemen 'zayit	שֶׁמֶן זַיִת (ז)
leche (f)	xalav	חָלָב (ז)
leche (f) condensada	xalav merukaz	חָלָב מְרוּכָּז (ז)
yogur (m)	'yogurt	יוֹגוּרְט (ז)
nata (f) agria	ʃa'menet	שַׁמֶּנֶת (נ)
nata (f) líquida	ʃa'menet	שַׁמֶּנֶת (נ)
mayonesa (f)	mayonez	מָיוֹנֵז (ז)
crema (f) de mantequilla	ka'tsefet xem'a	קַצֶּפֶת חֶמְאָה (נ)
cereales (m pl) integrales	grisim	גְרִיסִים (ז״ר)
harina (f)	'kemax	קֶמַח (ז)
conservas (f pl)	ʃimurim	שִׁימוּרִים (ז״ר)
copos (m pl) de maíz	ptitei 'tiras	פְּתִיתֵי תִירָס (ז״ר)
miel (f)	dvaʃ	דְבַשׁ (ז)
confitura (f)	riba	רִיבָּה (נ)
chicle (m)	'mastik	מַסְטִיק (ז)

36. Las bebidas

agua (f)	'mayim	מַיִם (ז״ר)
agua (f) potable	mei ʃtiya	מֵי שְׁתִיָּיה (ז״ר)
agua (f) mineral	'mayim mine'raliyim	מַיִם מִינֶרָלְיִים (ז״ר)
sin gas	lo mugaz	לֹא מוּגָז
gaseoso (adj)	mugaz	מוּגָז
con gas	mugaz	מוּגָז
hielo (m)	'kerax	קֶרַח (ז)

con hielo	im 'kerax	עִם קֶרַח
sin alcohol	natul alkohol	נָטוּל אַלְכּוֹהוֹל
bebida (f) sin alcohol	maʃke kal	מַשְׁקֶה קַל (ז)
refresco (m)	maʃke mera'anen	מַשְׁקֶה מְרַעֲנֵן (ז)
limonada (f)	limo'nada	לִימוֹנָדָה (נ)
bebidas (f pl) alcohólicas	maʃka'ot xarifim	מַשְׁקָאוֹת חָרִיפִים (ז"ר)
vino (m)	'yayin	יַיִן (ז)
vino (m) blanco	'yayin lavan	יַיִן לָבָן (ז)
vino (m) tinto	'yayin adom	יַיִן אָדוֹם (ז)
licor (m)	liker	לִיקֶר (ז)
champaña (f)	ʃam'panya	שַׁמְפַּנְיָה (נ)
vermú (m)	'vermut	וֶרְמוּט (ז)
whisky (m)	'viski	וִיסְקִי (ז)
vodka (m)	'vodka	וֹדְקָה (נ)
ginebra (f)	dʒin	גִ'ין (ז)
coñac (m)	'konyak	קוֹנְיָאק (ז)
ron (m)	rom	רוֹם (ז)
café (m)	kafe	קָפֶה (ז)
café (m) solo	kafe ʃaxor	קָפֶה שָׁחוֹר (ז)
café (m) con leche	kafe hafux	קָפֶה הָפוּךְ (ז)
capuchino (m)	kapu'tʃino	קָפוּצִ'ינוֹ (ז)
café (m) soluble	kafe names	קָפֶה נָמֵס (ז)
leche (f)	xalav	חָלָב (ז)
cóctel (m)	kokteil	קוֹקְטֵיל (ז)
batido (m)	'milkʃeik	מִילְקְשֵׁייק (ז)
zumo (m), jugo (m)	mits	מִיץ (ז)
jugo (m) de tomate	mits agvaniyot	מִיץ עַגְבָנִיוֹת (ז)
zumo (m) de naranja	mits tapuzim	מִיץ תַּפּוּזִים (ז)
zumo (m) fresco	mits saxut	מִיץ סָחוּט (ז)
cerveza (f)	'bira	בִּירָה (נ)
cerveza (f) rubia	'bira bahira	בִּירָה בָּהִירָה (נ)
cerveza (f) negra	'bira keha	בִּירָה כֵּהָה (נ)
té (m)	te	תֵּה (ז)
té (m) negro	te ʃaxor	תֵּה שָׁחוֹר (ז)
té (m) verde	te yarok	תֵּה יָרוֹק (ז)

37. Las verduras

legumbres (f pl)	yerakot	יְרָקוֹת (ז"ר)
verduras (f pl)	'yerek	יָרָק (ז)
tomate (m)	agvaniya	עַגְבָנִיָּה (נ)
pepino (m)	melafefon	מְלָפְפוֹן (ז)
zanahoria (f)	'gezer	גֶּזֶר (ז)
patata (f)	ta'puax adama	תַּפּוּחַ אֲדָמָה (ז)
cebolla (f)	batsal	בָּצָל (ז)

ajo (m)	ʃum	שׁוּם (ז)
col (f)	kruv	כְּרוּב (ז)
coliflor (f)	kruvit	כְּרוּבִית (נ)
col (f) de Bruselas	kruv nitsanim	כְּרוּב נִצָּנִים (ז)
brócoli (m)	'brokoli	בְּרוֹקוֹלִי (ז)
remolacha (f)	'selek	סֶלֶק (ז)
berenjena (f)	χatsil	חָצִיל (ז)
calabacín (m)	kiʃu	קִישׁוּא (ז)
calabaza (f)	'dla'at	דְּלַעַת (נ)
nabo (m)	'lefet	לֶפֶת (נ)
perejil (m)	petro'zilya	פֶּטְרוֹזִילְיָה (נ)
eneldo (m)	ʃamir	שָׁמִיר (ז)
lechuga (f)	'χasa	חַסָּה (נ)
apio (m)	'seleri	סֶלֶרִי (ז)
espárrago (m)	aspa'ragos	אַסְפָּרָגוֹס (ז)
espinaca (f)	'tered	תֶּרֶד (ז)
guisante (m)	afuna	אֲפוּנָה (נ)
habas (f pl)	pol	פּוֹל (ז)
maíz (m)	'tiras	תִּירָס (ז)
fréjol (m)	ʃu'it	שְׁעוּעִית (נ)
pimiento (m) dulce	'pilpel	פִּלְפֵּל (ז)
rábano (m)	tsnonit	צְנוֹנִית (נ)
alcachofa (f)	artiʃok	אַרְטִישׁוֹק (ז)

38. Las frutas. Las nueces

fruto (m)	pri	פְּרִי (ז)
manzana (f)	ta'puaχ	תַּפּוּחַ (ז)
pera (f)	agas	אַגָּס (ז)
limón (m)	limon	לִימוֹן (ז)
naranja (f)	tapuz	תַּפּוּז (ז)
fresa (f)	tut sade	תּוּת שָׂדֶה (ז)
mandarina (f)	klemen'tina	קְלֶמֶנְטִינָה (נ)
ciruela (f)	ʃezif	שְׁזִיף (ז)
melocotón (m)	afarsek	אֲפַרְסֵק (ז)
albaricoque (m)	'miʃmeʃ	מִשְׁמֵשׁ (ז)
frambuesa (f)	'petel	פֶּטֶל (ז)
piña (f)	'ananas	אֲנָנָס (ז)
banana (f)	ba'nana	בַּנָנָה (נ)
sandía (f)	ava'tiaχ	אֲבַטִּיחַ (ז)
uva (f)	anavim	עֲנָבִים (ז"ר)
guinda (f)	duvdevan	דּוּבְדְּבָן (ז)
cereza (f)	gudgedan	גּוּדְגְּדָן (ז)
melón (m)	melon	מֶלוֹן (ז)
pomelo (m)	eʃkolit	אֶשְׁכּוֹלִית (נ)
aguacate (m)	avo'kado	אֲבוֹקָדוֹ (ז)
papaya (f)	pa'paya	פַּפָּאיָה (נ)

mango (m)	'mango	מַנְגּוֹ (ז)
granada (f)	rimon	רִימוֹן (ז)

grosella (f) roja	dumdemanit aduma	דּוּמְדְּמָנִית אֲדוּמָה (נ)
grosella (f) negra	dumdemanit ʃxora	דּוּמְדְּמָנִית שְׁחוֹרָה (נ)
grosella (f) espinosa	xazarzar	חֲזַרְזַר (ז)
arándano (m)	uxmanit	אוּכְמָנִית (נ)
zarzamoras (f pl)	'petel ʃaxor	פֶּטֶל שָׁחוֹר (ז)

pasas (f pl)	tsimukim	צִימוּקִים (ז״ר)
higo (m)	te'ena	תְּאֵנָה (נ)
dátil (m)	tamar	תָּמָר (ז)

cacahuete (m)	botnim	בּוֹטְנִים (ז״ר)
almendra (f)	ʃaked	שָׁקֵד (ז)
nuez (f)	egoz 'melex	אֱגוֹז מֶלֶךְ (ז)
avellana (f)	egoz ilsar	אֱגוֹז אִלְסָר (ז)
nuez (f) de coco	'kokus	קוֹקוּס (ז)
pistachos (m pl)	'fistuk	פִּיסְטוּק (ז)

39. El pan. Los dulces

pasteles (m pl)	mutsrei kondi'torya	מוּצְרֵי קוֹנְדִּיטוֹרְיָה (ז״ר)
pan (m)	'lexem	לֶחֶם (ז)
galletas (f pl)	ugiya	עוּגִיָּה (נ)
chocolate (m)	'ʃokolad	שׁוֹקוֹלָד (ז)
de chocolate (adj)	mi'ʃokolad	מְשׁוֹקוֹלָד
caramelo (m)	sukariya	סוּכָּרִיָּה (נ)
tarta (f) (pequeña)	uga	עוּגָה (נ)
tarta (f) (~ de cumpleaños)	uga	עוּגָה (נ)
tarta (f) (~ de manzana)	pai	פַּאי (ז)
relleno (m)	milui	מִילּוּי (ז)
confitura (f)	riba	רִיבָּה (נ)
mermelada (f)	marme'lada	מַרְמֶלָדָה (נ)
gofre (m)	'vaflim	וָפְלִים (ז״ר)
helado (m)	'glida	גְּלִידָה (נ)
pudin (m)	'puding	פּוּדִינְג (ז)

40. Los platos

plato (m)	mana	מָנָה (נ)
cocina (f)	mitbax	מִטְבָּח (ז)
receta (f)	matkon	מַתְכּוֹן (ז)
porción (f)	mana	מָנָה (נ)
ensalada (f)	salat	סָלָט (ז)
sopa (f)	marak	מָרָק (ז)
caldo (m)	marak tsax, tsir	מָרָק צַח, צִיר (ז)
bocadillo (m)	karix	כָּרִיךְ (ז)

Español	Transliteración	Hebreo
huevos (m pl) fritos	beitsat ain	בֵּיצַת עַיִן (נ)
hamburguesa (f)	'hamburger	הַמְבּוּרְגֶר (ז)
bistec (m)	umtsa, steik	אוּמְצָה (נ), סְטֵייק (ז)
guarnición (f)	to'sefet	תּוֹסֶפֶת (נ)
espagueti (m)	spa'geti	סְפָּגֶטִי (ז)
puré (m) de patatas	mexit tapuxei adama	מְחִית תַּפּוּחֵי אֲדָמָה (נ)
pizza (f)	'pitsa	פִּיצָה (נ)
gachas (f pl)	daysa	דַּייסָה (נ)
tortilla (f) francesa	xavita	חֲבִיתָה (נ)
cocido en agua (adj)	mevuʃal	מְבוּשָׁל
ahumado (adj)	meʻuʃan	מְעוּשָׁן
frito (adj)	metugan	מְטוּגָן
seco (adj)	meyubaʃ	מְיוּבָּשׁ
congelado (adj)	kafu	קָפוּא
marinado (adj)	kavuʃ	כָּבוּשׁ
azucarado, dulce (adj)	matok	מָתוֹק
salado (adj)	ma'luax	מָלוּחַ
frío (adj)	kar	קַר
caliente (adj)	xam	חַם
amargo (adj)	marir	מָרִיר
sabroso (adj)	taʻim	טָעִים
cocer en agua	levaʃel be'mayim rotxim	לְבַשֵּׁל בְּמַיִם רוֹתְחִים
preparar (la cena)	levaʃel	לְבַשֵּׁל
freír (vt)	letagen	לְטַגֵן
calentar (vt)	lexamem	לְחַמֵם
salar (vt)	leham'liax	לְהַמְלִיחַ
poner pimienta	lefalpel	לְפַלְפֵּל
rallar (vt)	lerasek	לְרַסֵק
piel (f)	klipa	קְלִיפָּה (נ)
pelar (vt)	lekalef	לְקַלֵּף

41. Las especias

Español	Transliteración	Hebreo
sal (f)	'melax	מֶלַח (ז)
salado (adj)	ma'luax	מָלוּחַ
salar (vt)	leham'liax	לְהַמְלִיחַ
pimienta (f) negra	'pilpel ʃaxor	פִּלְפֵּל שָׁחוֹר (ז)
pimienta (f) roja	'pilpel adom	פִּלְפֵּל אָדוֹם (ז)
mostaza (f)	xardal	חַרְדָּל (ז)
rábano (m) picante	xa'zeret	חֲזֶרֶת (נ)
condimento (m)	'rotev	רוֹטֶב (ז)
especia (f)	tavlin	תַּבְלִין (ז)
salsa (f)	'rotev	רוֹטֶב (ז)
vinagre (m)	'xomets	חוֹמֶץ (ז)
anís (m)	kamnon	כַּמְנוֹן (ז)
albahaca (f)	rexan	רֵיחָן (ז)

clavo (m)	tsi'poren	ציפּוֹרֶן (ז)
jengibre (m)	'dʒindʒer	ג'ינג'ר (ז)
cilantro (m)	'kusbara	כּוּסבָּרָה (נ)
canela (f)	kinamon	קִינָמוֹן (ז)
sésamo (m)	'ʃumʃum	שׁוּמשׁוּם (ז)
hoja (f) de laurel	ale dafna	עָלֶה דַפנָה (ז)
paprika (f)	'paprika	פַּפּרִיקָה (נ)
comino (m)	'kimel	קִימָל (ז)
azafrán (m)	ze'afran	זְעַפרָן (ז)

42. Las comidas

comida (f)	'oxel	אוֹכֶל (ז)
comer (vi, vt)	le'exol	לֶאֱכוֹל
desayuno (m)	aruxat 'boker	אֲרוּחַת בּוֹקֶר (נ)
desayunar (vi)	le'exol aruxat 'boker	לֶאֱכוֹל אֲרוּחַת בּוֹקֶר
almuerzo (m)	aruxat tsaha'rayim	אֲרוּחַת צָהֳרַיִים (נ)
almorzar (vi)	le'exol aruxat tsaha'rayim	לֶאֱכוֹל אֲרוּחַת צָהֳרַיִים
cena (f)	aruxat 'erev	אֲרוּחַת עֶרֶב (נ)
cenar (vi)	le'exol aruxat 'erev	לֶאֱכוֹל אֲרוּחַת עֶרֶב
apetito (m)	te'avon	תֵיאָבוֹן (ז)
¡Que aproveche!	betei'avon!	בְּתֵיאָבוֹן!
abrir (vt)	lif'toax	לִפתוֹחַ
derramar (líquido)	liʃpox	לִשפּוֹך
derramarse (líquido)	lehiʃapex	לְהִישָׁפֵך
hervir (vi)	lir'toax	לִרתוֹחַ
hervir (vt)	lehar'tiax	לְהַרתִיחַ
hervido (agua ~a)	ra'tuax	רָתוּחַ
enfriar (vt)	lekarer	לְקָרֵר
enfriarse (vr)	lehitkarer	לְהִתקָרֵר
sabor (m)	'ta'am	טַעַם (ז)
regusto (m)	'ta'am levai	טַעַם לְוַואי (ז)
adelgazar (vi)	lirzot	לִרזוֹת
dieta (f)	di''eta	דִיאָטָה (נ)
vitamina (f)	vitamin	וִיטָמִין (ז)
caloría (f)	ka'lorya	קָלוֹריָה (נ)
vegetariano (m)	tsimxoni	צִמחוֹנִי (ז)
vegetariano (adj)	tsimxoni	צִמחוֹנִי
grasas (f pl)	ʃumanim	שׁוּמָנִים (ז"ר)
proteínas (f pl)	xelbonim	חֶלבּוֹנִים (ז"ר)
carbohidratos (m pl)	paxmema	פַּחמֵימָה (נ)
loncha (f)	prusa	פּרוּסָה (נ)
pedazo (m)	xatixa	חֲתִיכָה (נ)
miga (f)	perur	פֵּירוּר (ז)

43. Los cubiertos

cuchara (f)	kaf	כַּף (ז)
cuchillo (m)	sakin	סַכִּין (ז, נ)
tenedor (m)	mazleg	מַזְלֵג (ז)
taza (f)	'sefel	סֵפֶל (ז)
plato (m)	tsa'laxat	צַלַּחַת (נ)
platillo (m)	taxtit	תַּחְתִּית (נ)
servilleta (f)	mapit	מַפִּית (נ)
mondadientes (m)	keisam ʃi'nayim	קֵיסָם שִׁינַיִים (ז)

44. El restaurante

restaurante (m)	mis'ada	מִסְעָדָה (נ)
cafetería (f)	beit kafe	בֵּית קָפֶה (ז)
bar (m)	bar, pab	בָּר, פָּאבּ (ז)
salón (m) de té	beit te	בֵּית תֵּה (ז)
camarero (m)	meltsar	מֶלְצַר (ז)
camarera (f)	meltsarit	מֶלְצָרִית (נ)
barman (m)	'barmen	בַּרְמֶן (ז)
carta (f), menú (m)	tafrit	תַּפְרִיט (ז)
carta (f) de vinos	reʃimat yeynot	רְשִׁימַת יֵינוֹת (נ)
reservar una mesa	lehazmin ʃulxan	לְהַזְמִין שׁוּלְחָן
plato (m)	mana	מָנָה (נ)
pedir (vt)	lehazmin	לְהַזְמִין
hacer un pedido	lehazmin	לְהַזְמִין
aperitivo (m)	maʃke meta'aven	מַשְׁקֶה מְתָאָבֵן (ז)
entremés (m)	meta'aven	מְתָאָבֵן (ז)
postre (m)	ki'nuax	קִינוּחַ (ז)
cuenta (f)	xeʃbon	חֶשְׁבּוֹן (ז)
pagar la cuenta	leʃalem	לְשַׁלֵּם
dar la vuelta	latet 'odef	לָתֵת עוֹדֶף
propina (f)	tip	טִיפּ (ז)

La familia nuclear, los parientes y los amigos

45. La información personal. Los formularios

nombre (m)	ʃem	שֵׁם (ז)
apellido (m)	ʃem miʃpaχa	שֵׁם מִשְׁפָּחָה (ז)
fecha (f) de nacimiento	ta'ariχ leda	תַּאֲרִיךְ לֵידָה (ז)
lugar (m) de nacimiento	mekom leda	מְקוֹם לֵידָה (ז)
nacionalidad (f)	le'om	לְאוֹם (ז)
domicilio (m)	mekom megurim	מְקוֹם מְגוּרִים (ז)
país (m)	medina	מְדִינָה (נ)
profesión (f)	mik'tso'a	מִקְצוֹעַ (ז)
sexo (m)	min	מִין (ז)
estatura (f)	'gova	גּוֹבַהּ (ז)
peso (m)	miʃkal	מִשְׁקָל (ז)

46. Los familiares. Los parientes

madre (f)	em	אֵם (נ)
padre (m)	av	אָב (ז)
hijo (m)	ben	בֵּן (ז)
hija (f)	bat	בַּת (נ)
hija (f) menor	habat haktana	הַבַּת הַקְּטַנָּה (נ)
hijo (m) menor	haben hakatan	הַבֵּן הַקָּטָן (ז)
hija (f) mayor	habat habχora	הַבַּת הַבְּכוֹרָה (נ)
hijo (m) mayor	haben habχor	הַבֵּן הַבְּכוֹר (ז)
hermano (m)	aχ	אָח (ז)
hermano (m) mayor	aχ gadol	אָח גָּדוֹל (ז)
hermano (m) menor	aχ katan	אָח קָטָן (ז)
hermana (f)	aχot	אָחוֹת (נ)
hermana (f) mayor	aχot gdola	אָחוֹת גְּדוֹלָה (נ)
hermana (f) menor	aχot ktana	אָחוֹת קְטַנָּה (נ)
primo (m)	ben dod	בֶּן דּוֹד (ז)
prima (f)	bat 'doda	בַּת דּוֹדָה (נ)
mamá (f)	'ima	אִמָּא (נ)
papá (m)	'aba	אַבָּא (ז)
padres (pl)	horim	הוֹרִים (ז"ר)
niño -a (m, f)	'yeled	יֶלֶד (ז)
niños (pl)	yeladim	יְלָדִים (ז"ר)
abuela (f)	'savta	סָבְתָא (נ)
abuelo (m)	'saba	סָבָּא (ז)
nieto (m)	'neχed	נֶכֶד (ז)

nieta (f)	neχda	נֶכְדָּה (נ)
nietos (pl)	neχadim	נְכָדִים (ז"ר)

tío (m)	dod	דּוֹד (ז)
tía (f)	'doda	דּוֹדָה (נ)
sobrino (m)	aχyan	אַחְיָן (ז)
sobrina (f)	aχyanit	אַחְיָנִית (נ)

suegra (f)	χamot	חָמוֹת (נ)
suegro (m)	χam	חָם (ז)
yerno (m)	χatan	חָתָן (ז)
madrastra (f)	em χoreget	אֵם חוֹרֶגֶת (נ)
padrastro (m)	av χoreg	אָב חוֹרֵג (ז)

niño (m) de pecho	tinok	תִּינוֹק (ז)
bebé (m)	tinok	תִּינוֹק (ז)
chico (m)	pa'ot	פָּעוֹט (ז)

mujer (f)	iʃa	אִשָּׁה (נ)
marido (m)	'ba'al	בַּעַל (ז)
esposo (m)	ben zug	בֶּן זוּג (ז)
esposa (f)	bat zug	בַּת זוּג (נ)

casado (adj)	nasui	נָשׂוּי
casada (adj)	nesu'a	נְשׂוּאָה
soltero (adj)	ravak	רַוָּק
soltero (m)	ravak	רַוָּק (ז)
divorciado (adj)	garuʃ	גָּרוּשׁ
viuda (f)	almana	אַלְמָנָה (נ)
viudo (m)	alman	אַלְמָן (ז)

pariente (m)	karov miʃpaχa	קָרוֹב מִשְׁפָּחָה (ז)
pariente (m) cercano	karov miʃpaχa	קָרוֹב מִשְׁפָּחָה (ז)
pariente (m) lejano	karov raχok	קָרוֹב רָחוֹק (ז)
parientes (pl)	krovei miʃpaχa	קְרוֹבֵי מִשְׁפָּחָה (ז"ר)

huérfano (m)	yatom	יָתוֹם (ז)
huérfana (f)	yetoma	יְתוֹמָה (נ)
tutor (m)	apo'tropos	אַפּוֹטְרוֹפּוֹס (ז)
adoptar (un niño)	le'amets	לְאַמֵּץ
adoptar (una niña)	le'amets	לְאַמֵּץ

La medicina

47. Las enfermedades

enfermedad (f)	maxala	מַחֲלָה (נ)
estar enfermo	lihyot xole	לִהְיוֹת חוֹלֶה
salud (f)	bri'ut	בְּרִיאוּת (נ)
resfriado (m) (coriza)	na'zelet	נַזֶּלֶת (נ)
angina (f)	da'leket ʃkedim	דַּלֶּקֶת שְׁקֵדִים (נ)
resfriado (m)	hitstanenut	הִצְטַנְּנוּת (נ)
resfriarse (vr)	lehitstanen	לְהִצְטַנֵּן
bronquitis (f)	bron'xitis	בְּרוֹנְכִיטִיס (ז)
pulmonía (f)	da'leket re'ot	דַּלֶּקֶת רֵיאוֹת (נ)
gripe (f)	ʃa'pa'at	שַׁפַּעַת (נ)
miope (adj)	ktsar re'iya	קְצַר רְאִיָּה
présbita (adj)	rexok re'iya	רְחוֹק־רְאִיָּה
estrabismo (m)	pzila	פְּזִילָה (נ)
estrábico (m) (adj)	pozel	פּוֹזֵל
catarata (f)	katarakt	קָטָרַקְט (ז)
glaucoma (m)	gla'u'koma	גְּלָאוּקוֹמָה (נ)
insulto (m)	ʃavats moxi	שָׁבָץ מוֹחִי (ז)
ataque (m) cardiaco	hetkef lev	הֶתְקֵף לֵב (ז)
infarto (m) de miocardio	'otem ʃrir halev	אוֹטֶם שְׁרִיר הַלֵּב (ז)
parálisis (f)	ʃituk	שִׁיתּוּק (ז)
paralizar (vt)	leʃatek	לְשַׁתֵּק
alergia (f)	a'lergya	אָלֶרְגְּיָה (נ)
asma (f)	'astma, ka'tseret	אַסְתְמָה, קַצֶּרֶת (נ)
diabetes (f)	su'keret	סֻכֶּרֶת (נ)
dolor (m) de muelas	ke'ev ʃi'nayim	כְּאֵב שִׁינַיִים (ז)
caries (f)	a'ʃeʃet	עֲשֶׁשֶׁת (נ)
diarrea (f)	ʃilʃul	שִׁלְשׁוּל (ז)
estreñimiento (m)	atsirut	עֲצִירוּת (נ)
molestia (f) estomacal	kilkul keiva	קִלְקוּל קֵיבָה (ז)
envenenamiento (m)	har'alat mazon	הַרְעָלַת מָזוֹן (נ)
envenenarse (vr)	laxatof har'alat mazon	לַחֲטוֹף הַרְעָלַת מָזוֹן
artritis (f)	da'leket mifrakim	דַּלֶּקֶת מִפְרָקִים (נ)
raquitismo (m)	ra'kexet	רַכֶּכֶת (נ)
reumatismo (m)	ʃigaron	שִׁיגָּרוֹן (ז)
ateroesclerosis (f)	ar'teryo skle'rosis	אַרְטֶרְיוֹ־סְקְלֶרוֹסִיס (ז)
gastritis (f)	da'leket keiva	דַּלֶּקֶת קֵיבָה (נ)
apendicitis (f)	da'leket toseftan	דַּלֶּקֶת תּוֹסֶפְתָּן (נ)

colecistitis (f)	da'leket kis hamara	דַלֶקֶת כִּיס הַמָרָה (נ)
úlcera (f)	'ulkus, kiv	אוּלקוּס, כִּיב (ז)
sarampión (m)	xa'tsevet	חַצֶבֶת (נ)
rubeola (f)	a'demet	אַדֶמֶת (נ)
ictericia (f)	tsa'hevet	צַהֶבֶת (נ)
hepatitis (f)	da'leket kaved	דַלֶקֶת כָּבֵד (נ)
esquizofrenia (f)	sxizo'frenya	סכִיזוֹפרֶניָה (נ)
rabia (f) (hidrofobia)	ka'levet	כַּלֶבֶת (נ)
neurosis (f)	noi'roza	נוֹירוֹזָה (נ)
conmoción (f) cerebral	za'a'zu'a 'moax	זַעֲזוּעַ מוֹחַ (ז)
cáncer (m)	sartan	סַרטָן (ז)
esclerosis (f)	ta'refet	טַרֶשֶת (נ)
esclerosis (m) múltiple	ta'refet nefotsa	טַרֶשֶת נְפוֹצָה (נ)
alcoholismo (m)	alkoholizm	אַלכּוֹהוֹלִיזם (ז)
alcohólico (m)	alkoholist	אַלכּוֹהוֹלִיסט (ז)
sífilis (f)	a'gevet	עַגֶבֶת (נ)
SIDA (m)	eids	אָיידס (ז)
tumor (m)	gidul	גִידוּל (ז)
maligno (adj)	mam'ir	מַמאִיר
benigno (adj)	ʃapir	שָפִיר
fiebre (f)	ka'daxat	קַדַחַת (נ)
malaria (f)	ma'larya	מָלַריָה (נ)
gangrena (f)	gan'grena	גַנגרֶנָה (נ)
mareo (m)	maxalat yam	מַחֲלַת יָם (נ)
epilepsia (f)	maxalat hanefila	מַחֲלַת הַנְפִילָה (נ)
epidemia (f)	magefa	מַגֵיפָה (נ)
tifus (m)	'tifus	טִיפוּס (ז)
tuberculosis (f)	ʃa'xefet	שַחֶפֶת (נ)
cólera (f)	ko'lera	כּוֹלֶרָה (נ)
peste (f)	davar	דֶבֶר (ז)

48. Los síntomas. Los tratamientos. Unidad 1

síntoma (m)	simptom	סִימפּטוֹם (ז)
temperatura (f)	xom	חוֹם (ז)
fiebre (f)	xom ga'voha	חוֹם גָבוֹהַ (ז)
pulso (m)	'dofek	דוֹפֶק (ז)
mareo (m) (vértigo)	sxar'xoret	סחַרחוֹרֶת (נ)
caliente (adj)	xam	חַם
escalofrío (m)	tsmar'moret	צמַרמוֹרֶת (נ)
pálido (adj)	xiver	חִיווֵר
tos (f)	ʃi'ul	שִיעוּל (ז)
toser (vi)	lehiʃta'el	לְהִשתַעֵל
estornudar (vi)	lehit'ateʃ	לְהִתעַטֵש
desmayo (m)	ilafon	עִילָפוֹן (ז)

desmayarse (vr)	lehit'alef	לְהִתְעַלֵּף
moradura (f)	xabura	חַבּוּרָה (נ)
chichón (m)	blita	בְּלִיטָה (נ)
golpearse (vr)	lekabel maka	לְקַבֵּל מַכָּה
magulladura (f)	maka	מַכָּה (נ)
magullarse (vr)	lekabel maka	לְקַבֵּל מַכָּה
cojear (vi)	lits'lo'a	לִצְלֹועַ
dislocación (f)	'neka	נֶקַע (ז)
dislocar (vt)	lin'ko'a	לִנְקֹועַ
fractura (f)	'ʃever	שֶׁבֶר (ז)
tener una fractura	liʃbor	לִשְׁבֹּור
corte (m) (tajo)	xatax	חָתָךְ (ז)
cortarse (vr)	lehixatex	לְהֵיחָתֵךְ
hemorragia (f)	dimum	דִימוּם (ז)
quemadura (f)	kviya	כְּוִויָה (נ)
quemarse (vr)	laxatof kviya	לַחֲטֹוף כְּוִויָה
pincharse (~ el dedo)	lidkor	לִדְקֹור
pincharse (vr)	lehidaker	לְהִידָקֵר
herir (vt)	lif'tso'a	לִפְצֹועַ
herida (f)	ptsi'a	פְּצִיעָה (נ)
lesión (f) (herida)	'petsa	פֶּצַע (ז)
trauma (m)	'tra'uma	טְרָאוּמָה (נ)
delirar (vi)	lahazot	לַהֲזֹות
tartamudear (vi)	legamgem	לְגַמְגֵם
insolación (f)	makat 'ʃemeʃ	מַכַּת שֶׁמֶשׁ (נ)

49. Los síntomas. Los tratamientos. Unidad 2

dolor (m)	ke'ev	כְּאֵב (ז)
astilla (f)	kots	קֹוץ (ז)
sudor (m)	ze'a	זֵיעָה (נ)
sudar (vi)	leha'zi'a	לְהַזִיעַ
vómito (m)	haka'a	הֲקָאָה (נ)
convulsiones (f pl)	pirkusim	פִּירכּוּסִים (ז"ר)
embarazada (adj)	hara	הָרָה
nacer (vi)	lehivaled	לְהִיוָלֵד
parto (m)	leda	לֵידָה (נ)
dar a luz	la'ledet	לָלֶדֶת
aborto (m)	hapala	הַפָּלָה (נ)
respiración (f)	neʃima	נְשִׁימָה (נ)
inspiración (f)	ʃe'ifa	שְׁאִיפָה (נ)
espiración (f)	neʃifa	נְשִׁיפָה (נ)
espirar (vi)	linʃof	לִנְשֹׁוף
inspirar (vi)	liʃof	לִשְׁאֹוף
inválido (m)	naxe	נָכֶה (ז)
mutilado (m)	naxe	נָכֶה (ז)

drogadicto (m)	narkoman	נַרְקוֹמָן (ז)
sordo (adj)	xereʃ	חֵירֵשׁ
mudo (adj)	ilem	אִילֵם
sordomudo (adj)	xereʃ-ilem	חֵירֵשׁ־אִילֵם

loco (adj)	meʃuga	מְשׁוּגָע
loco (m)	meʃuga	מְשׁוּגָע (ז)
loca (f)	meʃu'ga'at	מְשׁוּגַעַת (נ)
volverse loco	lehiʃta'ge'a	לְהִשְׁתַּגֵּעַ

gen (m)	gen	גֵן (ז)
inmunidad (f)	xasinut	חֲסִינוּת (נ)
hereditario (adj)	toraʃti	תּוֹרַשְׁתִּי
de nacimiento (adj)	mulad	מוּלָד

virus (m)	'virus	וִירוּס (ז)
microbio (m)	xaidak	חַיְידַק (ז)
bacteria (f)	bak'terya	בַּקְטֶרְיָה (נ)
infección (f)	zihum	זִיהוּם (ז)

50. Los síntomas. Los tratamientos. Unidad 3

hospital (m)	beit xolim	בֵּית חוֹלִים (ז)
paciente (m)	metupal	מְטוּפָּל (ז)

diagnosis (f)	avxana	אַבְחָנָה (נ)
cura (f)	ripui	רִיפּוּי (ז)
tratamiento (m)	tipul refu'i	טִיפּוּל רְפוּאִי (ז)
curarse (vr)	lekabel tipul	לְקַבֵּל טִיפּוּל
tratar (vt)	letapel be…	לְטַפֵּל בְּ…
cuidar (a un enfermo)	letapel be…	לְטַפֵּל בְּ…
cuidados (m pl)	tipul	טִיפּוּל (ז)

operación (f)	ni'tuax	נִיתּוּחַ (ז)
vendar (vt)	laxboʃ	לַחְבּוֹשׁ
vendaje (m)	xaviʃa	חֲבִישָׁה (נ)

vacunación (f)	xisun	חִיסּוּן (ז)
vacunar (vt)	lexasen	לְחַסֵּן
inyección (f)	zrika	זְרִיקָה (נ)
aplicar una inyección	lehazrik	לְהַזְרִיק

ataque (m)	hetkef	הֶתְקֵף (ז)
amputación (f)	kti'a	קְטִיעָה (נ)
amputar (vt)	lik'to'a	לִקְטוֹעַ
coma (m)	tar'demet	תַּרְדֶּמֶת (נ)
estar en coma	lihyot betar'demet	לִהְיוֹת בְּתַרְדֶּמֶת
revitalización (f)	tipul nimrats	טִיפּוּל נִמְרָץ (ז)

recuperarse (vr)	lehaxlim	לְהַחְלִים
estado (m) (de salud)	matsav	מַצָב (ז)
consciencia (f)	hakara	הַכָּרָה (נ)
memoria (f)	zikaron	זִיכָּרוֹן (ז)
extraer (un diente)	la'akor	לַעֲקוֹר

| empaste (m) | stima | סְתִימָה (נ) |
| empastar (vt) | la'asot stima | לַעֲשׂוֹת סְתִימָה |

| hipnosis (f) | hip'noza | הִיפְּנוֹזָה (נ) |
| hipnotizar (vt) | lehapnet | לְהַפְנֵט |

51. Los médicos

médico (m)	rofe	רוֹפֵא (ז)
enfermera (f)	axot	אָחוֹת (נ)
médico (m) personal	rofe iʃi	רוֹפֵא אִישִׁי (ז)

dentista (m)	rofe ʃi'nayim	רוֹפֵא שִׁינַּיִים (ז)
oftalmólogo (m)	rofe ei'nayim	רוֹפֵא עֵינַיִים (ז)
internista (m)	rofe pnimi	רוֹפֵא פְּנִימִי (ז)
cirujano (m)	kirurg	כִּירוּרג (ז)

psiquiatra (m)	psixi"ater	פְּסִיכִיאָטֶר (ז)
pediatra (m)	rofe yeladim	רוֹפֵא יְלָדִים (ז)
psicólogo (m)	psixolog	פְּסִיכוֹלוֹג (ז)
ginecólogo (m)	rofe naʃim	רוֹפֵא נָשִׁים (ז)
cardiólogo (m)	kardyolog	קַרדִיוֹלוֹג (ז)

52. La medicina. Las drogas. Los accesorios

medicamento (m), droga (f)	trufa	תְּרוּפָה (נ)
remedio (m)	trufa	תְּרוּפָה (נ)
prescribir (vt)	lirʃom	לִרְשׁוֹם
receta (f)	mirʃam	מִרְשָׁם (ז)

tableta (f)	kadur	כַּדּוּר (ז)
ungüento (m)	miʃxa	מִשְׁחָה (נ)
ampolla (f)	'ampula	אַמְפּוּלָה (נ)
mixtura (f), mezcla (f)	ta'a'rovet	תַּעֲרוֹבֶת (נ)
sirope (m)	sirop	סִירוֹפּ (ז)
píldora (f)	gluya	גלוּיָה (נ)
polvo (m)	avka	אַבקָה (נ)

venda (f)	tax'boʃet 'gaza	תַּחבּוֹשֶׁת גָאזָה (נ)
algodón (m) (discos de ~)	'tsemer 'gefen	צֶמֶר גֶפֶן (ז)
yodo (m)	yod	יוֹד (ז)

tirita (f), curita (f)	'plaster	פְּלַסטֶר (ז)
pipeta (f)	taf'tefet	טַפטֶפֶת (נ)
termómetro (m)	madxom	מַדחוֹם (ז)
jeringa (f)	mazrek	מַזרֵק (ז)

| silla (f) de ruedas | kise galgalim | כִּיסֵא גַלגַלִים (ז) |
| muletas (f pl) | ka'bayim | קַבַּיִים (ז״ר) |

| anestésico (m) | meʃakex ke'evim | מְשַׁכֵּך כְּאֵבִים (ז) |
| purgante (m) | trufa meʃal'ʃelet | תְּרוּפָה מְשַׁלשֶׁלֶת (נ) |

alcohol (m)	'kohal	כֹּהַל (ז)
hierba (f) medicinal	isvei marpe	עִשְׂבֵי מַרְפֵּא (ז״ר)
de hierbas (té ~)	ʃel asavim	שֶׁל עֲשָׂבִים

EL AMBIENTE HUMANO

La ciudad

53. La ciudad. La vida en la ciudad

ciudad (f)	ir	עִיר (נ)
capital (f)	ir bira	עִיר בִּירָה (נ)
aldea (f)	kfar	כְּפָר (ז)
plano (m) de la ciudad	mapat ha'ir	מַפַּת הָעִיר (נ)
centro (m) de la ciudad	merkaz ha'ir	מֶרְכַּז הָעִיר (ז)
suburbio (m)	parvar	פַּרְוָר (ז)
suburbano (adj)	parvari	פַּרְוָרִי
arrabal (m)	parvar	פַּרְוָר (ז)
afueras (f pl)	svivot	סְבִיבוֹת (נ״ר)
barrio (m)	ʃxuna	שְׁכוּנָה (נ)
zona (f) de viviendas	ʃxunat megurim	שְׁכוּנַת מְגוּרִים (נ)
tráfico (m)	tnu'a	תְּנוּעָה (נ)
semáforo (m)	ramzor	רַמְזוֹר (ז)
transporte (m) urbano	taxbura tsiburit	תַּחְבּוּרָה צִיבּוּרִית (נ)
cruce (m)	'tsomet	צוֹמֶת (ז)
paso (m) de peatones	ma'avar xatsaya	מַעֲבַר חֲצָיָה (ז)
paso (m) subterráneo	ma'avar tat karka'i	מַעֲבָר תַּת־קַרְקָעִי (ז)
cruzar (vt)	laxatsot	לַחֲצוֹת
peatón (m)	holex 'regel	הוֹלֵךְ רֶגֶל (ז)
acera (f)	midraxa	מִדְרָכָה (נ)
puente (m)	'geʃer	גֶּשֶׁר (ז)
muelle (m)	ta'yelet	טַיֶּלֶת (נ)
fuente (f)	mizraka	מִזְרָקָה (נ)
alameda (f)	sdera	שְׂדֵרָה (נ)
parque (m)	park	פַּארְק (ז)
bulevar (m)	sdera	שְׂדֵרָה (נ)
plaza (f)	kikar	כִּיכָּר (נ)
avenida (f)	rexov raʃi	רְחוֹב רָאשִׁי (ז)
calle (f)	rexov	רְחוֹב (ז)
callejón (m)	simta	סִמְטָה (נ)
callejón (m) sin salida	mavoi satum	מָבוֹי סָתוּם (ז)
casa (f)	'bayit	בַּיִת (ז)
edificio (m)	binyan	בִּנְיָן (ז)
rascacielos (m)	gored ʃxakim	גּוֹרֵד שְׁחָקִים (ז)
fachada (f)	xazit	חָזִית (נ)
techo (m)	gag	גַּג (ז)

ventana (f)	χalon	חַלּוֹן (ז)
arco (m)	'keʃet	קֶשֶׁת (נ)
columna (f)	amud	עַמּוּד (ז)
esquina (f)	pina	פִּנָּה (נ)

escaparate (f)	χalon ra'ava	חַלּוֹן רַאֲוָה (ז)
letrero (m) (~ luminoso)	'ʃelet	שֶׁלֶט (ז)
cartel (m)	kraza	כְּרָזָה (נ)
cartel (m) publicitario	'poster	פּוֹסְטֶר (ז)
valla (f) publicitaria	'luaχ pirsum	לוּחַ פִּרְסוּם (ז)

basura (f)	'zevel	זֶבֶל (ז)
cajón (m) de basura	paχ aʃpa	פַּח אַשְׁפָּה (ז)
tirar basura	lelaχleχ	לְלַכְלֵךְ
basurero (m)	mizbala	מִזְבָּלָה (נ)

cabina (f) telefónica	ta 'telefon	תָּא טֶלֶפוֹן (ז)
farola (f)	amud panas	עַמּוּד פָּנָס (ז)
banco (m) (del parque)	safsal	סַפְסָל (ז)

policía (m)	ʃoter	שׁוֹטֵר (ז)
policía (f) (~ nacional)	miʃtara	מִשְׁטָרָה (נ)
mendigo (m)	kabtsan	קַבְּצָן (ז)
persona (f) sin hogar	χasar 'bayit	חֲסַר בַּיִת (ז)

54. Las instituciones urbanas

tienda (f)	χanut	חֲנוּת (נ)
farmacia (f)	beit mir'kaχat	בֵּית מִרְקַחַת (ז)
óptica (f)	χanut miʃka'fayim	חֲנוּת מִשְׁקָפַיִים (נ)
centro (m) comercial	kanyon	קַנְיוֹן (ז)
supermercado (m)	super'market	סוּפֶּרְמַרְקֶט (ז)

panadería (f)	ma'afiya	מַאֲפִיָּיה (נ)
panadero (m)	ofe	אוֹפֶה (ז)
pastelería (f)	χanut mamtakim	חֲנוּת מַמְתַּקִים (נ)
tienda (f) de comestibles	ma'kolet	מַכּוֹלֶת (נ)
carnicería (f)	itliz	אִטְלִיז (ז)

verdulería (f)	χanut perot viyerakot	חֲנוּת פֵּירוֹת וִירָקוֹת (נ)
mercado (m)	ʃuk	שׁוּק (ז)

cafetería (f)	beit kafe	בֵּית קָפֶה (ז)
restaurante (m)	mis'ada	מִסְעָדָה (נ)
cervecería (f)	pab	פָּאבּ (ז)
pizzería (f)	pi'tseriya	פִּיצֶּרְיָיה (נ)

peluquería (f)	mispara	מִסְפָּרָה (נ)
oficina (f) de correos	'do'ar	דּוֹאַר (ז)
tintorería (f)	nikui yaveʃ	נִיקוּי יָבֵשׁ (ז)
estudio (m) fotográfico	'studyo letsilum	סְטוּדְיוֹ לְצִילּוּם (ז)

zapatería (f)	χanut na'a'layim	חֲנוּת נַעֲלַיִים (נ)
librería (f)	χanut sfarim	חֲנוּת סְפָרִים (נ)

tienda (f) deportiva	χanut sport	חֲנוּת סְפּוֹרְט (נ)
arreglos (m pl) de ropa	χanut tikun bgadim	חֲנוּת תִּיקוּן בְּגָדִים (נ)
alquiler (m) de ropa	χanut haskarat bgadim	חֲנוּת הַשְׂכָּרַת בְּגָדִים (נ)
videoclub (m)	χanut haʃʼalat sratim	חֲנוּת הַשְׁאָלַת סְרָטִים (נ)
circo (m)	kirkas	קִרְקָס (ז)
zoológico (m)	gan hayot	גַּן חַיּוֹת (ז)
cine (m)	kolʼnoʻa	קוֹלְנוֹעַ (ז)
museo (m)	muzeʼon	מוּזֵיאוֹן (ז)
biblioteca (f)	sifriya	סִפְרִיָּה (נ)
teatro (m)	teʼatron	תֵּיאַטְרוֹן (ז)
ópera (f)	beit ʼopera	בֵּית אוֹפֶּרָה (ז)
club (m) nocturno	moʻadon ʼlaila	מוֹעֲדוֹן לַיְלָה (ז)
casino (m)	kaʼzino	קָזִינוֹ (ז)
mezquita (f)	misgad	מִסְגָּד (ז)
sinagoga (f)	beit ʼkneset	בֵּית כְּנֶסֶת (ז)
catedral (f)	katedʼrala	קָתֶדְרָלָה (נ)
templo (m)	mikdaʃ	מִקְדָּשׁ (ז)
iglesia (f)	knesiya	כְּנֵסִיָּה (נ)
instituto (m)	miχlala	מִכְלָלָה (נ)
universidad (f)	uniʼversita	אוּנִיבֶרְסִיטָה (נ)
escuela (f)	beit ʼsefer	בֵּית סֵפֶר (ז)
prefectura (f)	maχoz	מָחוֹז (ז)
alcaldía (f)	iriya	עִירִיָּה (נ)
hotel (m)	beit malon	בֵּית מָלוֹן (ז)
banco (m)	bank	בַּנְק (ז)
embajada (f)	ʃagrirut	שַׁגְרִירוּת (נ)
agencia (f) de viajes	soχnut nesiʼot	סוֹכְנוּת נְסִיעוֹת (נ)
oficina (f) de información	modiʼin	מוֹדִיעִין (ז)
oficina (f) de cambio	misrad hamarat matʼbeʻa	מִשְׂרַד הֲמָרַת מַטְבֵּעַ (ז)
metro (m)	raʼkevet taχtit	רַכֶּבֶת תַּחְתִּית (נ)
hospital (m)	beit χolim	בֵּית חוֹלִים (ז)
gasolinera (f)	taχanat ʼdelek	תַּחֲנַת דֶּלֶק (נ)
aparcamiento (m)	migraʃ χanaya	מִגְרַשׁ חֲנָיָה (ז)

55. Los avisos

letrero (m) (~ luminoso)	ʼʃelet	שֶׁלֶט (ז)
cartel (m) (texto escrito)	modaʻa	מוֹדָעָה (נ)
pancarta (f)	ʼposter	פּוֹסְטֶר (ז)
señal (m) de dirección	tamrur	תַּמְרוּר (ז)
flecha (f) (signo)	χets	חֵץ (ז)
advertencia (f)	azhara	אַזְהָרָה (נ)
aviso (m)	ʼʃelet azhara	שֶׁלֶט אַזְהָרָה (ז)
advertir (vt)	lehazhir	לְהַזְהִיר
día (m) de descanso	yom ʼχofeʃ	יוֹם חוֹפֶשׁ (ז)

horario (m)	'luax zmanim	לוּחַ זְמַנִּים (ז)
horario (m) de apertura	ʃa'ot avoda	שְׁעוֹת עֲבוֹדָה (נ״ר)
¡BIENVENIDOS!	bruxim haba'im!	בְּרוּכִים הַבָּאִים!
ENTRADA	knisa	כְּנִיסָה
SALIDA	yetsi'a	יְצִיאָה
EMPUJAR	dxof	דְּחוֹף
TIRAR	mʃox	מְשׁוֹךְ
ABIERTO	pa'tuax	פָּתוּחַ
CERRADO	sagur	סָגוּר
MUJERES	lenaʃim	לְנָשִׁים
HOMBRES	legvarim	לִגְבָרִים
REBAJAS	hanaxot	הֲנָחוֹת
SALDOS	mivtsa	מִבְצָע
NOVEDAD	xadaʃ!	חָדָשׁ!
GRATIS	xinam	חִינָם
¡ATENCIÓN!	sim lev!	שִׂים לֵב!
COMPLETO	ein makom panui	אֵין מָקוֹם פָּנוּי
RESERVADO	ʃamur	שָׁמוּר
ADMINISTRACIÓN	hanhala	הַנְהָלָה
SÓLO PERSONAL AUTORIZADO	le'ovdim bilvad	לְעוֹבְדִים בִּלְבַד
CUIDADO CON EL PERRO	zehirut 'kelev noʃex!	זְהִירוּת, כֶּלֶב נוֹשֵׁךְ!
PROHIBIDO FUMAR	asur le'aʃen!	אָסוּר לְעַשֵּׁן!
NO TOCAR	lo lagaat!	לֹא לָגַעַת!
PELIGROSO	mesukan	מְסוּכָּן
PELIGRO	sakana	סַכָּנָה
ALTA TENSIÓN	'metax ga'voha	מֶתַח גָּבוֹהַּ
PROHIBIDO BAÑARSE	haraxatsa asura!	הָרַחֲצָה אֲסוּרָה!
NO FUNCIONA	lo oved	לֹא עוֹבֵד
INFLAMABLE	dalik	דָּלִיק
PROHIBIDO	asur	אָסוּר
PROHIBIDO EL PASO	asur la'avor	אָסוּר לַעֲבוֹר
RECIÉN PINTADO	'tseva lax	צֶבַע לַח

56. El transporte urbano

autobús (m)	'otobus	אוֹטוֹבּוּס (ז)
tranvía (m)	ra'kevet kala	רַכֶּבֶת קַלָּה (נ)
trolebús (m)	tro'leibus	טְרוֹלֵיבּוּס (ז)
itinerario (m)	maslul	מַסְלוּל (ז)
número (m)	mispar	מִסְפָּר (ז)
ir en ...	lin'so'a be...	לִנְסוֹעַ בְּ...
tomar (~ el autobús)	la'alot	לַעֲלוֹת
bajar (~ del tren)	la'redet mi...	לָרֶדֶת מִ...

parada (f)	taxana	תַּחֲנָה (נ)
próxima parada (f)	hataxana haba'a	הַתַּחֲנָה הַבָּאָה (נ)
parada (f) final	hataxana ha'axrona	הַתַּחֲנָה הָאַחֲרוֹנָה (נ)
horario (m)	'luax zmanim	לוּחַ זְמַנִּים (ז)
esperar (aguardar)	lehamtin	לְהַמְתִּין
billete (m)	kartis	כַּרְטִיס (ז)
precio (m) del billete	mexir hanesiya	מְחִיר הַנְּסִיעָה (ז)
cajero (m)	kupai	קוּפַּאי (ז)
control (m) de billetes	bi'koret kartisim	בִּיקּוֹרֶת כַּרְטִיסִים (נ)
revisor (m)	mevaker	מְבַקֵּר (ז)
llegar tarde (vi)	le'axer	לְאַחֵר
perder (~ el tren)	lefasfes	לְפַסְפֵס
tener prisa	lemaher	לְמַהֵר
taxi (m)	monit	מוֹנִית (נ)
taxista (m)	nahag monit	נַהַג מוֹנִית (ז)
en taxi	bemonit	בְּמוֹנִית
parada (f) de taxi	taxanat moniyot	תַּחֲנַת מוֹנִיּוֹת (נ)
llamar un taxi	lehazmin monit	לְהַזְמִין מוֹנִית
tomar un taxi	la'kaxat monit	לָקַחַת מוֹנִית
tráfico (m)	tnu'a	תְּנוּעָה (נ)
atasco (m)	pkak	פְּקָק (ז)
horas (f pl) de punta	ʃa'ot 'omes	שְׁעוֹת עוֹמֶס (נ"ר)
aparcar (vi)	laxanot	לַחֲנוֹת
aparcar (vt)	lehaxnot	לְהַחֲנוֹת
aparcamiento (m)	xanaya	חֲנָיָה (נ)
metro (m)	ra'kevet taxtit	רַכֶּבֶת תַּחְתִּית (נ)
estación (f)	taxana	תַּחֲנָה (נ)
ir en el metro	lin'so'a betaxtit	לִנְסוֹעַ בְּתַחְתִּית
tren (m)	ra'kevet	רַכֶּבֶת (נ)
estación (f)	taxanat ra'kevet	תַּחֲנַת רַכֶּבֶת (נ)

57. El turismo. La excursión

monumento (m)	an'darta	אַנְדַּרְטָה (נ)
fortaleza (f)	mivtsar	מִבְצָר (ז)
palacio (m)	armon	אַרְמוֹן (ז)
castillo (m)	tira	טִירָה (נ)
torre (f)	migdal	מִגְדָּל (ז)
mausoleo (m)	ma'uzo'le'um	מָאוּזוֹלֵיאוּם (ז)
arquitectura (f)	adrixalut	אַדְרִיכָלוּת (נ)
medieval (adj)	benaimi	בֵּינַיְימִי
antiguo (adj)	atik	עַתִּיק
nacional (adj)	le'umi	לְאוּמִי
conocido (adj)	mefursam	מְפוּרְסָם
turista (m)	tayar	תַּיָּיר (ז)
guía (m) (persona)	madrix tiyulim	מַדְרִיךְ טִיּוּלִים (ז)

excursión (f)	tiyul	טִיוּל (ז)
mostrar (vt)	lehar'ot	לְהַרְאוֹת
contar (una historia)	lesaper	לְסַפֵּר

encontrar (hallar)	limtso	לִמְצוֹא
perderse (vr)	la'leχet le'ibud	לָלֶכֶת לְאִיבּוּד
plano (m) (~ de metro)	mapa	מַפָּה (נ)
mapa (m) (~ de la ciudad)	tarʃim	תַרְשִׁים (ז)

recuerdo (m)	maz'keret	מַזְכֶּרֶת (נ)
tienda (f) de regalos	χanut matanot	חֲנוּת מַתָנוֹת (נ)
hacer fotos	letsalem	לְצַלֵם
fotografiarse (vr)	lehitstalem	לְהִצְטַלֵם

58. Las compras

comprar (vt)	liknot	לִקְנוֹת
compra (f)	kniya	קְנִיָיה (נ)
hacer compras	la'leχet lekniyot	לָלֶכֶת לִקְנִיוֹת
compras (f pl)	ariχat kniyot	עֲרִיכַת קְנִיוֹת (נ)

estar abierto (tienda)	pa'tuaχ	פָּתוּחַ
estar cerrado	sagur	סָגוּר

calzado (m)	na'a'layim	נַעֲלָיִים (נ"ר)
ropa (f)	bgadim	בְּגָדִים (ז"ר)
cosméticos (m pl)	tamrukim	תַמְרוּקִים (ז"ר)
productos alimenticios	mutsrei mazon	מוּצְרֵי מָזוֹן (ז"ר)
regalo (m)	matana	מַתָנָה (נ)

vendedor (m)	moχer	מוֹכֵר (ז)
vendedora (f)	mo'χeret	מוֹכֶרֶת (נ)

caja (f)	kupa	קוּפָּה (נ)
espejo (m)	mar'a	מַרְאָה (נ)
mostrador (m)	duχan	דוּכָן (ז)
probador (m)	'χeder halbaʃa	חֲדַר הַלְבָּשָׁה (ז)

probar (un vestido)	limdod	לִמְדוֹד
quedar (una ropa, etc.)	lehat'im	לְהַתְאִים
gustar (vi)	limtso χen be'ei'nayim	לִמְצוֹא חֵן בָּעֵינַיִים

precio (m)	meχir	מְחִיר (ז)
etiqueta (f) de precio	tag meχir	תָג מְחִיר (ז)
costar (vt)	la'alot	לַעֲלוֹת
¿Cuánto?	'kama?	כַּמָה?
descuento (m)	hanaχa	הֲנָחָה (נ)

no costoso (adj)	lo yakar	לֹא יָקָר
barato (adj)	zol	זוֹל
caro (adj)	yakar	יָקָר
Es caro	ze yakar	זֶה יָקָר
alquiler (m)	haskara	הַשְׂכָּרָה (נ)
alquilar (vt)	liskor	לִשְׂכּוֹר

crédito (m)	aʃrai	אַשְׁרַאי (ז)
a crédito (adv)	be'aʃrai	בְּאַשְׁרַאי

59. El dinero

dinero (m)	'kesef	כֶּסֶף (ז)
cambio (m)	hamara	הֲמָרָה (נ)
curso (m)	'ʃa'ar xalifin	שַׁעַר חֲלִיפִין (ז)
cajero (m) automático	kaspomat	כַּסְפּוֹמָט (ז)
moneda (f)	mat'be'a	מַטְבֵּעַ (ז)

dólar (m)	'dolar	דּוֹלָר (ז)
euro (m)	'eiro	אֵירוֹ (ז)

lira (f)	'lira	לִירָה (נ)
marco (m) alemán	mark germani	מַרק גֶּרמָנִי (ז)
franco (m)	frank	פְרַנק (ז)
libra esterlina (f)	'lira 'sterling	לִירָה שְׁטֶרלִינג (נ)
yen (m)	yen	יֶן (ז)

deuda (f)	xov	חוֹב (ז)
deudor (m)	'ba'al xov	בַּעַל חוֹב (ז)
prestar (vt)	lehalvot	לְהַלווֹת
tomar prestado	lilvot	לִלווֹת

banco (m)	bank	בַּנק (ז)
cuenta (f)	xeʃbon	חֶשְׁבּוֹן (ז)
ingresar (~ en la cuenta)	lehafkid	לְהַפקִיד
ingresar en la cuenta	lehafkid lexeʃbon	לְהַפקִיד לְחָשׁבּוֹן
sacar de la cuenta	limʃox mexeʃbon	לִמשׁוֹך מֵחָשׁבּוֹן

tarjeta (f) de crédito	kartis aʃrai	פַּרטִיס אַשְׁרַאי (ז)
dinero (m) en efectivo	mezuman	מְזוּמָן
cheque (m)	tʃek	צֶ'ק (ז)
sacar un cheque	lixtov tʃek	לִכתוֹב צֶ'ק
talonario (m)	pinkas 'tʃekim	פִּנקָס צֶ'קִים (ז)

cartera (f)	arnak	אַרנָק (ז)
monedero (m)	arnak lematbe"ot	אַרנָק לְמַטבְּעוֹת (ז)
caja (f) fuerte	ka'sefet	כַּסֶפֶת (נ)

heredero (m)	yoreʃ	יוֹרֵשׁ (ז)
herencia (f)	yeruʃa	יְרוּשָׁה (נ)
fortuna (f)	'oʃer	עוֹשֶׁר (ז)

arriendo (m)	xoze sxirut	חוֹזֶה שׂכִירוּת (ז)
alquiler (m) (dinero)	sxar dira	שׂכַר דִּירָה (ז)
alquilar (~ una casa)	liskor	לִשׂכּוֹר

precio (m)	mexir	מְחִיר (ז)
coste (m)	alut	עֲלוּת (נ)
suma (f)	sxum	סכוּם (ז)
gastar (vt)	lehotsi	לְהוֹצִיא
gastos (m pl)	hotsa'ot	הוֹצָאוֹת (נ״ר)

economizar (vi, vt)	laxasox	לַחְסוֹךְ
económico (adj)	xesxoni	חָסְכוֹנִי
pagar (vi, vt)	leʃalem	לְשַׁלֵּם
pago (m)	taʃlum	תַּשְׁלוּם (ז)
cambio (m) (devolver el ~)	'odef	עוֹדֶף (ז)
impuesto (m)	mas	מַס (ז)
multa (f)	knas	קְנָס (ז)
multar (vt)	liknos	לִקְנוֹס

60. La oficina de correos

oficina (f) de correos	'do'ar	דּוֹאַר (ז)
correo (m) (cartas, etc.)	'do'ar	דּוֹאַר (ז)
cartero (m)	davar	דַּוָּר (ז)
horario (m) de apertura	ʃa'ot avoda	שְׁעוֹת עֲבוֹדָה (נ״ר)
carta (f)	mixtav	מִכְתָּב (ז)
carta (f) certificada	mixtav raʃum	מִכְתָּב רָשׁוּם (ז)
tarjeta (f) postal	gluya	גְּלוּיָה (נ)
telegrama (m)	mivrak	מִבְרָק (ז)
paquete (m) postal	xavila	חֲבִילָה (נ)
giro (m) postal	ha'avarat ksafim	הַעֲבָרַת כְּסָפִים (נ)
recibir (vt)	lekabel	לְקַבֵּל
enviar (vt)	liʃ'loax	לִשְׁלוֹחַ
envío (m)	ʃlixa	שְׁלִיחָה (נ)
dirección (f)	'ktovet	כְּתוֹבֶת (נ)
código (m) postal	mikud	מִיקוּד (ז)
expedidor (m)	ʃo'leax	שׁוֹלֵחַ (ז)
destinatario (m)	nim'an	נִמְעָן (ז)
nombre (m)	ʃem prati	שֵׁם פְּרָטִי (ז)
apellido (m)	ʃem miʃpaxa	שֵׁם מִשְׁפָּחָה (ז)
tarifa (f)	ta'arif	תַּעֲרִיף (ז)
ordinario (adj)	ragil	רָגִיל
económico (adj)	xesxoni	חָסְכוֹנִי
peso (m)	miʃkal	מִשְׁקָל (ז)
pesar (~ una carta)	liʃkol	לִשְׁקוֹל
sobre (m)	ma'atafa	מַעֲטָפָה (נ)
sello (m)	bul 'do'ar	בּוּל דּוֹאַר (ז)
poner un sello	lehadbik bul	לְהַדְבִּיק בּוּל

La vivienda. La casa. El hogar

61. La casa. La electricidad

electricidad (f)	ẋaʃmal	חַשְׁמַל (ז)
bombilla (f)	nura	נוּרָה (נ)
interruptor (m)	'meteg	מֶתֶג (ז)
fusible (m)	natiẋ	נָתִיךְ (ז)
cable, hilo (m)	ẋut	חוּט (ז)
instalación (f) eléctrica	ẋivut	חִיווּט (ז)
contador (m) de luz	mone ẋaʃmal	מוֹנֶה חַשְׁמַל (ז)
lectura (f) (~ del contador)	kri'a	קְרִיאָה (נ)

62. La villa. La mansión

casa (f) de campo	'bayit bakfar	בַּיִת בַּכְּפָר (ז)
villa (f)	'vila	וִילָה (נ)
ala (f)	agaf	אָגָף (ז)
jardín (m)	gan	גַן (ז)
parque (m)	park	פַּארק (ז)
invernadero (m) tropical	ẋamama	חָמָמָה (נ)
cuidar (~ el jardín, etc.)	legadel	לְגַדֵל
piscina (f)	breẋat sẋiya	בְּרֵיכַת שְׂחִייָה (נ)
gimnasio (m)	'ẋeder 'koʃer	חֶדֶר כּוֹשֶׁר (ז)
cancha (f) de tenis	migraʃ 'tenis	מִגְרַשׁ טֶנִיס (ז)
sala (f) de cine	'ẋeder hakrana beiti	חֶדֶר הַקְרָנָה בֵּיתִי (ז)
garaje (m)	musaẋ	מוּסָךְ (ז)
propiedad (f) privada	reẋuʃ prati	רְכוּשׁ פְּרָטִי (ז)
terreno (m) privado	ʃetaẋ prati	שֶׁטַח פְּרָטִי (ז)
advertencia (f)	azhara	אַזְהָרָה (נ)
letrero (m) de aviso	'ʃelet azhara	שֶׁלֶט אַזְהָרָה (ז)
seguridad (f)	avtaẋa	אַבְטָחָה (נ)
guardia (m) de seguridad	ʃomer	שׁוֹמֵר (ז)
alarma (f) antirrobo	ma'a'reẋet az'aka	מַעֲרֶכֶת אַזְעָקָה (נ)

63. El apartamento

apartamento (m)	dira	דִירָה (נ)
habitación (f)	'ẋeder	חֶדֶר (ז)
dormitorio (m)	ẋadar ʃena	חֲדַר שֵׁינָה (ז)

comedor (m)	pinat 'oχel	פִּינַת אוֹכֶל (נ)
salón (m)	salon	סָלוֹן (ז)
despacho (m)	χadar avoda	חֲדַר עֲבוֹדָה (ז)
antecámara (f)	prozdor	פְּרוֹזדוֹר (ז)
cuarto (m) de baño	χadar am'batya	חֲדַר אַמבַּטיָה (ז)
servicio (m)	ʃerutim	שֵׁירוּתִים (ז"ר)
techo (m)	tikra	תִּקרָה (נ)
suelo (m)	ritspa	רִצפָּה (נ)
rincón (m)	pina	פִּינָה (נ)

64. Los muebles. El interior

muebles (m pl)	rehitim	רָהִיטִים (ז"ר)
mesa (f)	ʃulχan	שׁוּלחָן (ז)
silla (f)	kise	כִּסֵּא (ז)
cama (f)	mita	מִיטָה (נ)
sofá (m)	sapa	סַפָּה (נ)
sillón (m)	kursa	כּוּרסָה (נ)
librería (f)	aron sfarim	אָרוֹן סְפָרִים (ז)
estante (m)	madaf	מַדָף (ז)
armario (m)	aron bgadim	אָרוֹן בְּגָדִים (ז)
percha (f)	mitle	מִתלֶה (ז)
perchero (m) de pie	mitle	מִתלֶה (ז)
cómoda (f)	ʃida	שִׁידָה (נ)
mesa (f) de café	ʃulχan itonim	שׁוּלחַן עִיתוֹנִים (ז)
espejo (m)	mar'a	מַראָה (נ)
tapiz (m)	ʃa'tiaχ	שָׁטִיחַ (ז)
alfombra (f)	ʃa'liaχ	שָׁטִיחַ (ז)
chimenea (f)	aχ	אָח (נ)
vela (f)	ner	נֵר (ז)
candelero (m)	pamot	פָּמוֹט (ז)
cortinas (f pl)	vilonot	וִילוֹנוֹת (ז"ר)
empapelado (m)	tapet	טַפֶּט (ז)
estor (m) de láminas	trisim	תְרִיסִים (ז"ר)
lámpara (f) de mesa	menorat ʃulχan	מְנוֹרַת שׁוּלחָן (נ)
aplique (m)	menorat kir	מְנוֹרַת קִיר (נ)
lámpara (f) de pie	menora o'medet	מְנוֹרָה עוֹמֶדֶת (נ)
lámpara (f) de araña	niv'reʃet	נִברֶשֶׁת (נ)
pata (f) (~ de la mesa)	'regel	רֶגֶל (נ)
brazo (m)	miʃ'enet yad	מִשׁעֶנֶת יָד (נ)
espaldar (m)	miʃ'enet	מִשׁעֶנֶת (נ)
cajón (m)	megera	מְגֵירָה (נ)

65. Los accesorios de cama

ropa (f) de cama	matsa'im	מַצָּעִים (ז"ר)
almohada (f)	karit	כָּרִית (נ)
funda (f)	tsipit	צִיפִּית (נ)
manta (f)	smixa	שְׂמִיכָה (נ)
sábana (f)	sadin	סָדִין (ז)
sobrecama (f)	kisui mita	כִּיסוּי מִיטָה (ז)

66. La cocina

cocina (f)	mitbax	מִטְבָּח (ז)
gas (m)	gaz	גַז (ז)
cocina (f) de gas	tanur gaz	תַּנוּר גַז (ז)
cocina (f) eléctrica	tanur xaʃmali	תַּנוּר חַשְׁמַלִי (ז)
horno (m)	tanur afiya	תַּנוּר אֲפִייָה (ז)
horno (m) microondas	mikrogal	מִיקְרוֹגַל (ז)
frigorífico (m)	mekarer	מְקָרֵר (ז)
congelador (m)	makpi	מַקְפִּיא (ז)
lavavajillas (m)	me'diax kelim	מֵדִיחַ כֵּלִים (ז)
picadora (f) de carne	matxenat basar	מַטְחֲנַת בָּשָׂר (נ)
exprimidor (m)	masxeta	מַסְחֵטָה (נ)
tostador (m)	'toster	טוֹסְטֶר (ז)
batidora (f)	'mikser	מִיקְסֶר (ז)
cafetera (f) (aparato de cocina)	mexonat kafe	מְכוֹנַת קָפֶּה (נ)
cafetera (f) (para servir)	findʒan	פִינְגַ'אן (ז)
molinillo (m) de café	matxenat kafe	מַטְחֲנַת קָפֶּה (נ)
hervidor (m) de agua	kumkum	קוּמְקוּם (ז)
tetera (f)	kumkum	קוּמְקוּם (ז)
tapa (f)	mixse	מִכְסֶה (ז)
colador (m) de té	mis'nenet te	מְסַנֶּנֶת תָה (נ)
cuchara (f)	kaf	כַּף (נ)
cucharilla (f)	kapit	כַּפִּית (נ)
cuchara (f) de sopa	kaf	כַּף (נ)
tenedor (m)	mazleg	מַזְלֵג (ז)
cuchillo (m)	sakin	סַכִּין (ז, נ)
vajilla (f)	kelim	כֵּלִים (ז"ר)
plato (m)	tsa'laxat	צַלַּחַת (נ)
platillo (m)	taxtit	תַּחְתִּית (נ)
vaso (m) de chupito	kosit	כּוֹסִית (נ)
vaso (m) (~ de agua)	kos	כּוֹס (נ)
taza (f)	'sefel	סֵפֶל (ז)
azucarera (f)	mis'keret	מִסְכֶּרֶת (נ)
salero (m)	milxiya	מִלְחִייָה (נ)

pimentero (m)	pilpeliya	פִּלְפְּלִיָּה (נ)
mantequera (f)	maxame'a	מַחְמָאָה (נ)
cacerola (f)	sir	סִיר (ז)
sartén (f)	maxvat	מַחְבַת (נ)
cucharón (m)	tarvad	תַּרְוָד (ז)
colador (m)	mis'nenet	מְסַנֶּנֶת (נ)
bandeja (f)	magaʃ	מַגָּשׁ (ז)
botella (f)	bakbuk	בַּקְבּוּק (ז)
tarro (m) de vidrio	tsin'tsenet	צִנְצֶנֶת (נ)
lata (f)	paxit	פַּחִית (נ)
abrebotellas (m)	potxan bakbukim	פּוֹתְחָן בַּקְבּוּקִים (ז)
abrelatas (m)	potxan kufsa'ot	פּוֹתְחָן קוּפְסָאוֹת (ז)
sacacorchos (m)	maxlets	מַחְלֵץ (ז)
filtro (m)	'filter	פִילְטֶר (ז)
filtrar (vt)	lesanen	לְסַנֵּן
basura (f)	'zevel	זֶבֶל (ז)
cubo (m) de basura	pax 'zevel	פַּח זֶבֶל (ז)

67. El baño

cuarto (m) de baño	xadar am'batya	חֲדַר אַמְבַּטְיָה (ז)
agua (f)	'mayim	מַיִם (ז"ר)
grifo (m)	'berez	בֶּרֶז (ז)
agua (f) caliente	'mayim xamim	מַיִם חַמִּים (ז"ר)
agua (f) fría	'mayim karim	מַיִם קָרִים (ז"ר)
pasta (f) de dientes	miʃxat ʃi'nayim	מִשְׁחַת שִׁנַּיִם (נ)
limpiarse los dientes	letsax'tseax ʃi'nayim	לְצַחְצֵחַ שִׁנַּיִם
cepillo (m) de dientes	miv'reʃet ʃi'nayim	מִבְרֶשֶׁת שִׁנַּיִם (נ)
afeitarse (vr)	lehitga'leax	לְהִתְגַּלֵּחַ
espuma (f) de afeitar	'ketsef gi'luax	קֶצֶף גִּילּוּחַ (ז)
maquinilla (f) de afeitar	'ta'ar	תַּעַר (ז)
lavar (vt)	liʃtof	לִשְׁטוֹף
darse un baño	lehitraxets	לְהִתְרַחֵץ
ducha (f)	mik'laxat	מִקְלַחַת (נ)
darse una ducha	lehitka'leax	לְהִתְקַלֵּחַ
bañera (f)	am'batya	אַמְבַּטְיָה (נ)
inodoro (m)	asla	אַסְלָה (נ)
lavabo (m)	kiyor	כִּיּוֹר (ז)
jabón (m)	sabon	סַבּוֹן (ז)
jabonera (f)	saboniya	סַבּוֹנִיָּה (נ)
esponja (f)	sfog 'lifa	סְפוֹג לִיפָה (ז)
champú (m)	ʃampu	שַׁמְפּוּ (ז)
toalla (f)	ma'gevet	מַגֶּבֶת (נ)
bata (f) de baño	xaluk raxatsa	חָלוּק רַחְצָה (ז)

colada (f), lavado (m)	kvisa	כְּבִיסָה (נ)
lavadora (f)	meχonat kvisa	מְכוֹנַת כְּבִיסָה (נ)
lavar la ropa	leχabes	לְכַבֵּס
detergente (m) en polvo	avkat kvisa	אַבְקַת כְּבִיסָה (נ)

68. Los aparatos domésticos

televisor (m)	tele'vizya	טֶלֶוִויזְיָה (נ)
magnetófono (m)	teip	טֵייפּ (ז)
vídeo (m)	maχʃir 'vide'o	מַכְשִׁיר וִידֵאוֹ (ז)
radio (m)	'radyo	רַדְיוֹ (ז)
reproductor (m) (~ MP3)	nagan	נַגָּן (ז)
proyector (m) de vídeo	makren	מַקְרֵן (ז)
sistema (m) home cinema	kol'no'a beiti	קוֹלְנוֹעַ בֵּיתִי (ז)
reproductor (m) de DVD	nagan dividi	נַגָּן DVD (ז)
amplificador (m)	magber	מַגְבֵּר (ז)
videoconsola (f)	maχʃir plei'steiʃen	מַכְשִׁיר פְּלֵייסְטֵיישֶׁן (ז)
cámara (f) de vídeo	matslemat 'vide'o	מַצְלֵמַת וִידֵאוֹ (נ)
cámara (f) fotográfica	matslema	מַצְלֵמָה (נ)
cámara (f) digital	matslema digi'talit	מַצְלֵמָה דִיגִיטָלִית (נ)
aspirador (m), aspiradora (f)	ʃo'ev avak	שׁוֹאֵב אָבָק (ז)
plancha (f)	maghets	מַגְהֵץ (ז)
tabla (f) de planchar	'kereʃ gihuts	קֶרֶשׁ גִּיהוּץ (ז)
teléfono (m)	'telefon	טֶלֶפוֹן (ז)
teléfono (m) móvil	'telefon nayad	טֶלֶפוֹן נַיָּיד (ז)
máquina (f) de escribir	meχonat ktiva	מְכוֹנַת כְּתִיבָה (נ)
máquina (f) de coser	meχonat tfira	מְכוֹנַת תְּפִירָה (נ)
micrófono (m)	mikrofon	מִיקְרוֹפוֹן (ז)
auriculares (m pl)	ozniyot	אוֹזְנִיּוֹת (נ״ר)
mando (m) a distancia	'ʃelet	שֶׁלֶט (ז)
CD (m)	taklitor	תַּקְלִיטוֹר (ז)
casete (m)	ka'letet	קַלֶּטֶת (נ)
disco (m) de vinilo	taklit	תַּקְלִיט (ז)

LAS ACTIVIDADES DE LA GENTE

El trabajo. Los negocios. Unidad 1

69. La oficina. El trabajo de oficina

Español	Transliteración	Hebreo
oficina (f)	misrad	מִשְׂרָד (ז)
despacho (m)	misrad	מִשְׂרָד (ז)
recepción (f)	kabala	קַבָּלָה (נ)
secretario (m)	mazkir	מַזְכִּיר (ז)
secretaria (f)	mazkira	מַזְכִּירָה (נ)
director (m)	menahel	מְנַהֵל (ז)
manager (m)	menahel	מְנַהֵל (ז)
contable (m)	menahel xeʃbonot	מְנַהֵל חֶשְׁבּוֹנוֹת (ז)
colaborador (m)	oved	עוֹבֵד (ז)
muebles (m pl)	rehitim	רָהִיטִים (ז"ר)
escritorio (m)	ʃulxan	שׁוּלְחָן (ז)
silla (f)	kursa	כּוּרְסָה (נ)
cajonera (f)	ʃidat megerot	שִׁידַת מְגֵירוֹת (נ)
perchero (m) de pie	mitle	מִתְלֶה (ז)
ordenador (m)	maxʃev	מַחְשֵׁב (ז)
impresora (f)	mad'peset	מַדְפֶּסֶת (נ)
fax (m)	faks	פַקְס (ז)
fotocopiadora (f)	mexonat tsilum	מְכוֹנַת צִילוּם (נ)
papel (m)	neyar	נְיָיר (ז)
papelería (f)	tsiyud misradi	צִיוּד מִשְׂרָדִי (ז)
alfombrilla (f) para ratón	ʃa'tiax le'axbar	שָׁטִיחַ לְעַכְבָּר (ז)
hoja (f) de papel	daf	דַף (ז)
carpeta (f)	klaser	קְלָסֵר (ז)
catálogo (m)	katalog	קָטָלוֹג (ז)
directorio (m) telefónico	madrix 'telefon	מַדְרִיךְ טֶלֶפוֹן (ז)
documentación (f)	ti'ud	תִיעוּד (ז)
folleto (m)	xo'veret	חוֹבֶרֶת (נ)
prospecto (m)	alon	עָלוֹן (ז)
muestra (f)	dugma	דוּגְמָה (נ)
reunión (f) de formación	yeʃivat hadraxa	יְשִׁיבַת הַדְרָכָה (נ)
reunión (f)	yeʃiva	יְשִׁיבָה (נ)
pausa (f) del almuerzo	hafsakat tsaha'rayim	הַפְסָקַת צָהֳרַיִים (נ)
hacer una copia	letsalem mismax	לְצַלֵם מִסְמָךְ
hacer copias	lehaxin mispar otakim	לְהָכִין מִסְפַּר עוֹתָקִים
recibir un fax	lekabel faks	לְקַבֵּל פַקְס
enviar un fax	liʃ'loax faks	לִשְׁלוֹחַ פַקְס

65

llamar por teléfono	lehitkaʃer	להתקשר
responder (vi, vt)	laʻanot	לענות
poner en comunicación	lekaʃer	לקשר
fijar (~ una reunión)	lik'boʻa pgiʃa	לקבוע פגישה
demostrar (vt)	lehadgim	להדגים
estar ausente	leheʻader	להיעדר
ausencia (f)	heʻadrut	היעדרות (נ)

70. Los procesos de negocio. Unidad 1

negocio (m), comercio (m)	'esek	עֵסֶק (ז)
ocupación (f)	isuk	עִיסוּק (ז)
firma (f)	xevra	חֶבְרָה (נ)
compañía (f)	xevra	חֶבְרָה (נ)
corporación (f)	ta'agid	תַאֲגִיד (ז)
empresa (f)	'esek	עֵסֶק (ז)
agencia (f)	soxnut	סוֹכְנוּת (נ)
acuerdo (m)	heskem	הֶסְכֵּם (ז)
contrato (m)	xoze	חוֹזֶה (ז)
trato (m), acuerdo (m)	iska	עִסְקָה (נ)
pedido (m)	hazmana	הַזְמָנָה (נ)
condición (f) del contrato	tnai	תְנַאי (ז)
al por mayor (adv)	besitonut	בְּסִיטוֹנוּת
al por mayor (adj)	sitona'i	סִיטוֹנָאִי
venta (f) al por mayor	sitonut	סִיטוֹנוּת (נ)
al por menor (adj)	kimʻoni	קִמְעוֹנִי
venta (f) al por menor	kimʻonut	קִמְעוֹנוּת (נ)
competidor (m)	mitxare	מִתְחָרֶה (ז)
competencia (f)	taxarut	תָחָרוּת (נ)
competir (vi)	lehitxarot	להתחָרוֹת
socio (m)	ʃutaf	שוּתָף (ז)
sociedad (f)	ʃutafa	שוּתָפוּת (נ)
crisis (f)	maʃber	מַשְבֵּר (ז)
bancarrota (f)	pʃitat 'regel	פְשִיטַת רֶגֶל (נ)
ir a la bancarrota	liʃʃot 'regel	לפשוֹט רֶגֶל
dificultad (f)	'koʃi	קוֹשִי (ז)
problema (m)	beʻaya	בְּעָיָה (נ)
catástrofe (f)	ason	אָסוֹן (ז)
economía (f)	kalkala	כַּלְכָּלָה (נ)
económico (adj)	kalkali	כַּלְכָּלִי
recesión (f) económica	mitun kalkali	מִיתוּן כַּלְכָּלִי (ז)
meta (f)	matara	מַטָרָה (נ)
objetivo (m)	mesima	מְשִׂימָה (נ)
comerciar (vi)	lisxor	לסחוֹר
red (f) (~ comercial)	'reʃet	רֶשֶת (נ)

existencias (f pl)	maxsan	מַחְסָן (ז)
surtido (m)	mivxar	מִבְחָר (ז)
líder (m)	manhig	מַנְהִיג (ז)
grande (empresa ~)	gadol	גָדוֹל
monopolio (m)	'monopol	מוֹנוֹפּוֹל (ז)
teoría (f)	te''orya	תֵיאוֹרְיָה (נ)
práctica (f)	'praktika	פְּרַקְטִיקָה (נ)
experiencia (f)	nisayon	נִיסָיוֹן (ז)
tendencia (f)	megama	מְגַמָה (נ)
desarrollo (m)	pi'tuax	פִּיתוּחַ (ז)

71. Los procesos de negocio. Unidad 2

rentabilidad (f)	'revax	רֶווַח (ז)
rentable (adj)	rivxi	רִווְחִי
delegación (f)	mif'laxat	מִשְׁלַחַת (נ)
salario (m)	mas'koret	מַשְׂכּוֹרֶת (נ)
corregir (un error)	letaken	לְתַקֵן
viaje (m) de negocios	nesi'a batafkid	נְסִיעָה בַּתַפְקִיד (נ)
comisión (f)	amla	עַמְלָה (נ)
controlar (vt)	liflot	לִשְׁלוֹט
conferencia (f)	kinus	כִּינוּס (ז)
licencia (f)	rifayon	רִישָׁיוֹן (ז)
fiable (socio ~)	amin	אָמִין
iniciativa (f)	yozma	יוֹזְמָה (נ)
norma (f)	'norma	נוֹרְמָה (נ)
circunstancia (f)	nesibot	נְסִיבּוֹת (נ״ר)
deber (m)	xova	חוֹבָה (נ)
empresa (f)	irgun	אִרְגוּן (ז)
organización (f) (proceso)	hit'argenut	הִתְאַרְגְנוּת (נ)
organizado (adj)	me'urgan	מְאוֹרְגָן
anulación (f)	bitul	בִּיטוּל (ז)
anular (vt)	levatel	לְבַטֵל
informe (m)	dox	דוֹחַ (ז)
patente (m)	patent	פָּטֶנט (ז)
patentar (vt)	lirfom patent	לִרְשׁוֹם פָּטֶנט
planear (vt)	letaxnen	לְתַכְנֵן
premio (m)	'bonus	בּוֹנוּס (ז)
profesional (adj)	miktso'i	מִקְצוֹעִי
procedimiento (m)	'nohal	נוֹהַל (ז)
examinar (vt)	livxon	לִבְחוֹן
cálculo (m)	xifuv	חִישׁוּב (ז)
reputación (f)	monitin	מוֹנִיטִין (ז״ר)
riesgo (m)	sikun	סִיכּוּן (ז)
dirigir (administrar)	lenahel	לְנַהֵל

información (f)	meida	מֵידָע (ז)
propiedad (f)	ba'alut	בַּעֲלוּת (נ)
unión (f)	igud	אִיגוּד (ז)
seguro (m) de vida	bi'tuax xayim	בִּיטוּחַ חַיִים (ז)
asegurar (vt)	leva'teax	לְבַטֵחַ
seguro (m)	bi'tuax	בִּיטוּחַ (ז)
subasta (f)	mexira 'pombit	מְכִירָה פּוּמְבִּית (נ)
notificar (informar)	leho'dia	לְהוֹדִיעַ
gestión (f)	nihul	נִיהוּל (ז)
servicio (m)	ʃirut	שֵׁירוּת (ז)
foro (m)	'forum	פוֹרוּם (ז)
funcionar (vi)	letafked	לְתַפְקֵד
etapa (f)	ʃalav	שָׁלָב (ז)
jurídico (servicios ~s)	miʃpati	מִשְׁפָּטִי
jurista (m)	orex din	עוֹרֵךְ דִין (ז)

72. La producción. Los trabajos

planta (f)	mif'al	מִפְעָל (ז)
fábrica (f)	beit xa'roʃet	בֵּית חֲרוֹשֶׁת (ז)
taller (m)	agaf	אֲגַף (ז)
planta (f) de producción	mif'al	מִפְעָל (ז)
industria (f)	ta'asiya	תַּעֲשִׂיָה (נ)
industrial (adj)	ta'asiyati	תַּעֲשִׂיָיתִי
industria (f) pesada	ta'asiya kveda	תַּעֲשִׂיָה כְּבֵדָה (נ)
industria (f) ligera	ta'asiya kala	תַּעֲשִׂיָה קַלָה (נ)
producción (f)	to'tseret	תוֹצֶרֶת (נ)
producir (vt)	leyatser	לְיַיצֵר
materias (f pl) primas	'xomer 'gelem	חוֹמֶר גֶלֶם (ז)
jefe (m) de brigada	menahel avoda	מְנַהֵל עֲבוֹדָה (ז)
brigada (f)	'tsevet ovdim	צֶוֶות עוֹבְדִים (ז)
obrero (m)	po'el	פּוֹעֵל (ז)
día (m) de trabajo	yom avoda	יוֹם עֲבוֹדָה (ז)
descanso (m)	hafsaka	הַפְסָקָה (נ)
reunión (f)	yeʃiva	יְשִׁיבָה (נ)
discutir (vt)	ladun	לָדוּן
plan (m)	toxnit	תוֹכְנִית (נ)
cumplir el plan	leva'tse'a et hatoxnit	לְבַצֵעַ אֶת הַתוֹכְנִית
tasa (f) de producción	'ketsev tfuka	קֶצֶב תְּפוּקָה (ז)
calidad (f)	eixut	אֵיכוּת (נ)
control (m)	bakara	בַּקָרָה (נ)
control (m) de calidad	bakarat eixut	בַּקָרַת אֵיכוּת (נ)
seguridad (f) de trabajo	betixut beavoda	בְּטִיחוּת בַּעֲבוֹדָה (נ)
disciplina (f)	miʃ'ma'at	מִשְׁמַעַת (נ)
infracción (f)	hafara	הֲפָרָה (נ)

violar (las reglas)	lehafer	לְהָפֵר
huelga (f)	ʃvita	שְׁבִיתָה (נ)
huelguista (m)	ʃovet	שׁוֹבֵת (ז)
estar en huelga	liʃbot	לִשְׁבּוֹת
sindicato (m)	igud ovdim	אִיגוּד עוֹבְדִים (ז)
inventar (máquina, etc.)	lehamtsi	לְהַמְצִיא
invención (f)	hamtsa'a	הַמְצָאָה (נ)
investigación (f)	meχkar	מֶחְקָר (ז)
mejorar (vt)	leʃaper	לְשַׁפֵּר
tecnología (f)	teχno'logya	טֶכְנוֹלוֹגְיָה (נ)
dibujo (m) técnico	sirtut	שִׂרְטוּט (ז)
cargamento (m)	mit'an	מִטְעָן (ז)
cargador (m)	sabal	סַבָּל (ז)
cargar (camión, etc.)	leha'amis	לְהַעֲמִיס
carga (f) (proceso)	ha'amasa	הַעֲמָסָה (נ)
descargar (vt)	lifrok mit'an	לִפְרוֹק מִטְעָן
descarga (f)	prika	פְּרִיקָה (נ)
transporte (m)	hovala	הוֹבָלָה (נ)
compañía (f) de transporte	χevrat hovala	חֶבְרַת הוֹבָלָה (נ)
transportar (vt)	lehovil	לְהוֹבִיל
vagón (m)	karon	קָרוֹן (ז)
cisterna (f)	meχalit	מֵיכָלִית (נ)
camión (m)	masa'it	מַשָּׂאִית (נ)
máquina (f) herramienta	meχonat ibud	מְכוֹנַת עִיבּוּד (נ)
mecanismo (m)	manganon	מַנְגָּנוֹן (ז)
desperdicios (m pl)	'psolet ta'asiyatit	פְּסוֹלֶת תַּעֲשִׂיָּיתִית (נ)
empaquetado (m)	ariza	אֲרִיזָה (נ)
empaquetar (vt)	le'eroz	לֶאֱרוֹז

73. El contrato. El acuerdo

contrato (m)	χoze	חוֹזֶה (ז)
acuerdo (m)	heskem	הֶסְכֵּם (ז)
anexo (m)	'sefaχ	סָפָח (ז)
firmar un contrato	la'aroχ heskem	לַעֲרוֹךְ הֶסְכֵּם
firma (f) (nombre)	χatima	חֲתִימָה (נ)
firmar (vt)	laχtom	לַחְתּוֹם
sello (m)	χo'temet	חוֹתֶמֶת (נ)
objeto (m) del acuerdo	nose haχoze	נוֹשֵׂא הַחוֹזֶה (ז)
cláusula (f)	se'if	סָעִיף (ז)
partes (f pl)	tsdadim	צְדָדִים (ז"ר)
domicilio (m) legal	'ktovet miʃpatit	כְּתוֹבֶת מִשְׁפָּטִית (נ)
violar el contrato	lehafer χoze	לְהָפֵר חוֹזֶה
obligación (f)	hitχaivut	הִתְחַיְּיבוּת (נ)
responsabilidad (f)	aχrayut	אַחְרָיוּת (נ)

fuerza mayor (f)	'koax elyon	כּוֹחַ עֶלְיוֹן (ז)
disputa (f)	vi'kuax	וִיכּוּחַ (ז)
penalidades (f pl)	itsumim	עִיצוּמִים (ז"ר)

74. Importación y exportación

importación (f)	ye'vu'a	יְבוּא (ז)
importador (m)	yevu'an	יְבוּאָן (ז)
importar (vt)	leyabe	לְיַיבֵּא
de importación (adj)	meyuba	מְיוּבָּא
exportación (f)	yitsu	יִיצוּא (ז)
exportador (m)	yetsu'an	יְצוּאָן (ז)
exportar (vt)	leyatse	לְיַיצֵּא
de exportación (adj)	ʃel yitsu	שֶׁל יִיצוּא
mercancía (f)	sxora	סְחוֹרָה (נ)
lote (m) de mercancías	miʃ'loax	מִשְׁלוֹחַ (ז)
peso (m)	miʃkal	מִשְׁקָל (ז)
volumen (m)	'nefax	נֶפַח (ז)
metro (m) cúbico	'meter me'ukav	מֶטֶר מְעוּקָב (ז)
productor (m)	yatsran	יַצְרָן (ז)
compañía (f) de transporte	xevrat hovala	חֶבְרַת הוֹבָלָה (נ)
contenedor (m)	mexula	מְכוּלָה (נ)
frontera (f)	gvul	גְבוּל (ז)
aduana (f)	'mexes	מֶכֶס (ז)
derechos (m pl) arancelarios	mas 'mexes	מַס מֶכֶס (ז)
aduanero (m)	pakid 'mexes	פְּקִיד מֶכֶס (ז)
contrabandismo (m)	havraxa	הַבְרָחָה (נ)
contrabando (m)	sxora muv'rexet	סְחוֹרָה מוּבְרַחַת (נ)

75. Las finanzas

acción (f)	menaya	מְנָיָה (נ)
bono (m), obligación (f)	i'geret xov	אִיגֶּרֶת חוֹב (נ)
letra (f) de cambio	ʃtar xalifin	שְׁטָר חֲלִיפִין (ז)
bolsa (f)	'bursa	בּוּרְסָה (נ)
cotización (f) de valores	mexir hamenaya	מְחִיר הַמְנָיָה (ז)
abaratarse (vr)	la'redet bemexir	לָרֶדֶת בְּמְחִיר
encarecerse (vr)	lehityaker	לְהִתְיַיקֵּר
parte (f)	menaya	מְנָיָה (נ)
interés (m) mayoritario	ʃlita	שְׁלִיטָה (נ)
inversiones (f pl)	haʃka'ot	הַשְׁקָעוֹת (נ"ר)
invertir (vi, vt)	lehaʃ'ki'a	לְהַשְׁקִיעַ
porcentaje (m)	axuz	אָחוּז (ז)

Español	Transliteración	Hebreo
interés (m)	ribit	רִיבִּית (נ)
beneficio (m)	'revax	רֶוַוח (ז)
beneficioso (adj)	rivxi	רִווחִי
impuesto (m)	mas	מַס (ז)
divisa (f)	mat'be‘a	מַטבֵּעַ (ז)
nacional (adj)	le'umi	לְאוּמִי
cambio (m)	hamara	הֲמָרָה (נ)
contable (m)	ro'e xeʃbon	רוֹאֶה חֶשׁבּוֹן (ז)
contaduría (f)	hanhalat xeʃbonot	הַנהָלַת חֶשׁבּוֹנוֹת (נ)
bancarrota (f)	pʃitat 'regel	פּשִׁיטַת רֶגֶל (נ)
quiebra (f)	krisa	קרִיסָה (נ)
ruina (f)	pʃitat 'regel	פּשִׁיטַת רֶגֶל (נ)
arruinarse (vr)	liffot 'regel	לִפשׁוֹט רֶגֶל
inflación (f)	infˈlatsya	אִינפלַצִיָה (נ)
devaluación (f)	pixut	פִּיחוּת (ז)
capital (m)	hon	הוֹן (ז)
ingresos (m pl)	haxnasa	הַכנָסָה (נ)
volumen (m) de negocio	maxzor	מַחזוֹר (ז)
recursos (m pl)	maʃ'abim	מַשׁאַבִּים (ז"ר)
recursos (m pl) monetarios	emtsa‘im kaspiyim	אֶמצָעִים כַּספִּיִים (ז"ר)
gastos (m pl) accesorios	hotsa'ot	הוֹצָאוֹת (נ"ר)
reducir (vt)	letsamtsem	לְצַמצֵם

76. La mercadotecnia

mercadotecnia (f)	ʃivuk	שִׁיוּוּק (ז)
mercado (m)	ʃuk	שׁוּק (ז)
segmento (m) del mercado	'pelax ʃuk	פֶּלַח שׁוּק (ז)
producto (m)	mutsar	מוּצָר (ז)
mercancía (f)	sxora	סחוֹרָה (נ)
marca (f)	mutag	מוּתָג (ז)
marca (f) comercial	'semel misxari	סֵמֶל מִסחָרִי (ז)
logotipo (m)	'semel haxevra	סֵמֶל הַחָברָה (ז)
logo (m)	'logo	לוֹגוֹ (ז)
demanda (f)	bikuʃ	בִּיקוּשׁ (ז)
oferta (f)	he'tse‘a	הֶיצֵעַ (ז)
necesidad (f)	'tsorex	צוֹרֶך (ז)
consumidor (m)	tsarxan	צַרכָן (ז)
análisis (m)	ni'tuax	נִיתוּחַ (ז)
analizar (vt)	lena'teax	לְנַתֵחַ
posicionamiento (m)	mitsuv	מִיצוּב (ז)
posicionar (vt)	lematsev	לְמַצֵב
precio (m)	mexir	מְחִיר (ז)
política (f) de precios	mediniyut timxur	מְדִינִיוּת תִמחוּר (נ)
formación (f) de precios	hamxara	הַמחָרָה (נ)

77. La publicidad

publicidad (f)	pirsum	פִּרְסוּם (ז)
publicitar (vt)	lefarsem	לְפַרְסֵם
presupuesto (m)	taktsiv	תַקְצִיב (ז)

anuncio (m) publicitario	pir'somet	פִּרְסוֹמֶת (נ)
publicidad (f) televisiva	pir'somet tele'vizya	פִּרְסוֹמֶת טֶלֶוִויזְיָה (נ)
publicidad (f) radiofónica	pir'somet 'radyo	פִּרְסוֹמֶת רַדְיוֹ (נ)
publicidad (f) exterior	pirsum xutsot	פִּרְסוּם חוּצוֹת (ז)

medios (m pl) de comunicación de masas	emtsa'ei tik'joret hamonim	אֶמְצָעֵי תִקְשׁוֹרֶת הָמוֹנִים (ז״ר)
periódico (m)	ktav et	כְּתָב עֵת (ז)
imagen (f)	tadmit	תַדְמִית (נ)

consigna (f)	sisma	סִיסְמָה (נ)
divisa (f)	'moto	מוֹטוֹ (ז)

campaña (f)	masa	מַסָע (ז)
campaña (f) publicitaria	masa pirsum	מַסָע פִּרְסוּם (ז)
auditorio (m) objetivo	oxlusiyat 'ya'ad	אוֹכְלוּסִיַית יַעַד (נ)

tarjeta (f) de visita	kartis bikur	כַּרְטִיס בִּיקוּר (ז)
prospecto (m)	alon	עָלוֹן (ז)
folleto (m)	xo'veret	חוֹבֶרֶת (נ)
panfleto (m)	alon	עָלוֹן (ז)
boletín (m)	alon meida	עָלוֹן מֵידָע (ז)

letrero (m) (~ luminoso)	'jelet	שֶׁלֶט (ז)
pancarta (f)	'poster	פּוֹסְטֶר (ז)
valla (f) publicitaria	'luax pirsum	לוּחַ פִּרְסוּם (ז)

78. La banca

banco (m)	bank	בַּנְק (ז)
sucursal (f)	snif	סְנִיף (ז)

consultor (m)	yo'ets	יוֹעֵץ (ז)
gerente (m)	menahel	מְנַהֵל (ז)

cuenta (f)	xejbon	חֶשְׁבּוֹן (ז)
numero (m) de la cuenta	mispar xejbon	מִסְפַּר חֶשְׁבּוֹן (ז)
cuenta (f) corriente	xejbon over vajav	חֶשְׁבּוֹן עוֹבֵר וָשָׁב (ז)
cuenta (f) de ahorros	xejbon xisaxon	חֶשְׁבּוֹן חִסָכוֹן (ז)

abrir una cuenta	lif'toax xejbon	לִפְתוֹחַ חֶשְׁבּוֹן
cerrar la cuenta	lisgor xejbon	לִסְגוֹר חֶשְׁבּוֹן
ingresar en la cuenta	lehafkid lexejbon	לְהַפְקִיד לְחֶשְׁבּוֹן
sacar de la cuenta	limjox mexejbon	לִמְשׁוֹךְ מֵחֶשְׁבּוֹן

depósito (m)	pikadon	פִּיקָדוֹן (ז)
hacer un depósito	lehafkid	לְהַפְקִיד

giro (m) bancario	ha'avara banka'it	הַעֲבָרָה בַּנְקָאִית (נ)
hacer un giro	leha'avir 'kesef	לְהַעֲבִיר כֶּסֶף
suma (f)	sxum	סְכוּם (ז)
¿Cuánto?	'kama?	כַּמָּה?
firma (f) (nombre)	xatima	חֲתִימָה (נ)
firmar (vt)	laxtom	לַחְתּוֹם
tarjeta (f) de crédito	kartis aʃrai	כַּרְטִיס אַשְׁרַאי (ז)
código (m)	kod	קוֹד (ז)
número (m) de tarjeta de crédito	mispar kartis aʃrai	מִסְפַּר כַּרְטִיס אַשְׁרַאי (ז)
cajero (m) automático	kaspomat	כַּסְפּוֹמָט (ז)
cheque (m)	tʃek	צֶ'ק (ז)
sacar un cheque	lixtov tʃek	לִכְתּוֹב צֶ'ק
talonario (m)	pinkas 'tʃekim	פִּנְקַס צֶ'קִים (ז)
crédito (m)	halva'a	הַלְוָאָה (נ)
pedir el crédito	levakeʃ halva'a	לְבַקֵּשׁ הַלְוָאָה
obtener un crédito	lekabel halva'a	לְקַבֵּל הַלְוָאָה
conceder un crédito	lehalvot	לְהַלְווֹת
garantía (f)	arvut	עַרְבוּת (נ)

79. El teléfono. Las conversaciones telefónicas

teléfono (m)	'telefon	טֶלֶפוֹן (ז)
teléfono (m) móvil	'telefon nayad	טֶלֶפוֹן נַיָּד (ז)
contestador (m)	meʃivon	מְשִׁיבוֹן (ז)
llamar, telefonear	letsaltsel	לְצַלְצֵל
llamada (f)	sixat 'telefon	שִׂיחַת טֶלֶפוֹן (נ)
marcar un número	lexayeg mispar	לְחַיֵּג מִסְפָּר
¿Sí?, ¿Dígame?	'halo!	הָלוֹ!
preguntar (vt)	liʃ'ol	לִשְׁאוֹל
responder (vi, vt)	la'anot	לַעֲנוֹת
oír (vt)	liʃ'mo'a	לִשְׁמוֹעַ
bien (adv)	tov	טוֹב
mal (adv)	lo tov	לֹא טוֹב
ruidos (m pl)	hafra'ot	הַפְרָעוֹת (נ"ר)
auricular (m)	ʃfo'feret	שְׁפוֹפֶרֶת (נ)
descolgar (el teléfono)	leharim ʃfo'feret	לְהָרִים שְׁפוֹפֶרֶת
colgar el auricular	leha'niax ʃfo'feret	לְהָנִיחַ שְׁפוֹפֶרֶת
ocupado (adj)	tafus	תָּפוּס
sonar (teléfono)	letsaltsel	לְצַלְצֵל
guía (f) de teléfonos	'sefer tele'fonim	סֵפֶר טֶלֶפוֹנִים (ז)
local (adj)	mekomi	מְקוֹמִי
llamada (f) local	sixa mekomit	שִׂיחָה מְקוֹמִית (נ)

T&P Books. Vocabulario Español-Hebreo - 5000 palabras más usadas

de larga distancia	bein ironi	בֵּין עִירוֹנִי
llamada (f) de larga distancia	sixa bein ironit	שִׂיחָה בֵּין עִירוֹנִית (נ)
internacional (adj)	benle'umi	בֵּינלְאוּמִי
llamada (f) internacional	sixa benle'umit	שִׂיחָה בֵּינלְאוּמִית (נ)

80. El teléfono celular

teléfono (m) móvil	'telefon nayad	טֶלֶפוֹן נַיָּד (ז)
pantalla (f)	masax	מָסָךְ (ז)
botón (m)	kaftor	כַּפְתּוֹר (ז)
tarjeta SIM (f)	kartis sim	כַּרְטִיס סִים (ז)
pila (f)	solela	סוֹלְלָה (נ)
descargarse (vr)	lehitroken	לְהִתְרוֹקֵן
cargador (m)	mit'an	מִטְעָן (ז)
menú (m)	tafrit	תַּפְרִיט (ז)
preferencias (f pl)	hagdarot	הַגְדָּרוֹת (נ"ר)
melodía (f)	mangina	מַנְגִּינָה (נ)
seleccionar (vt)	livxor	לִבְחוֹר
calculadora (f)	maxʃevon	מַחְשְׁבוֹן (ז)
contestador (m)	ta koli	תָּא קוֹלִי (ז)
despertador (m)	ʃa'on me'orer	שְׁעוֹן מְעוֹרֵר (ז)
contactos (m pl)	anʃei 'keʃer	אַנְשֵׁי קֶשֶׁר (ז"ר)
mensaje (m) de texto	misron	מִסְרוֹן (ז)
abonado (m)	manui	מָנוּי (ז)

81. Los artículos de escritorio. La papelería

bolígrafo (m)	et kaduri	עֵט כַּדּוּרִי (ז)
pluma (f) estilográfica	et no've'a	עֵט נוֹבֵעַ (ז)
lápiz (m)	iparon	עִפָּרוֹן (ז)
marcador (m)	'marker	מַרְקֵר (ז)
rotulador (m)	tuʃ	טוּשׁ (ז)
bloc (m) de notas	pinkas	פִּנְקָס (ז)
agenda (f)	yoman	יוֹמָן (ז)
regla (f)	sargel	סַרְגֵּל (ז)
calculadora (f)	maxʃevon	מַחְשְׁבוֹן (ז)
goma (f) de borrar	'maxak	מַחַק (ז)
chincheta (f)	'na'ats	נַעַץ (ז)
clip (m)	mehadek	מְהַדֵּק (ז)
cola (f), pegamento (m)	'devek	דֶּבֶק (ז)
grapadora (f)	ʃadxan	שַׁדְכָן (ז)
perforador (m)	menakev	מְנַקֵּב (ז)
sacapuntas (m)	maxded	מַחְדֵּד (ז)

82. Tipos de negocios

contabilidad (f)	ʃerutei hanhalat χeʃbonot	שֵׁירוּתֵי הַנְהָלַת חֶשְׁבּוֹנוֹת (ז״ר)
publicidad (f)	pirsum	פִּרְסוּם (ז)
agencia (f) de publicidad	soχnut pirsum	סוֹכְנוּת פִּרְסוּם (נ)
climatizadores (m pl)	mazganim	מַזְגָנִים (ז״ר)
compañía (f) aérea	χevrat te'ufa	חֶבְרַת תְּעוּפָה (נ)

bebidas (f pl) alcohólicas	maʃka'ot χarifim	מַשְׁקָאוֹת חֲרִיפִים (נ״ר)
antigüedad (f)	atikot	עַתִּיקוֹת (נ״ר)
galería (f) de arte	ga'lerya le'amanut	גָּלֶרְיָה לְאָמָנוּת (נ)
servicios (m pl) de auditoría	ʃerutei bi'koret χeʃbonot	שֵׁירוּתֵי בִּיקוֹרֶת חֶשְׁבּוֹנוֹת (ז״ר)

negocio (m) bancario	banka'ut	בַּנְקָאוּת (נ)
bar (m)	bar	בָּר (ז)
salón (m) de belleza	meχon 'yofi	מָכוֹן יוֹפִי (ז)
librería (f)	χanut sfarim	חֲנוּת סְפָרִים (נ)
fábrica (f) de cerveza	miv'ʃelet 'bira	מִבְשֶׁלֶת בִּירָה (נ)
centro (m) de negocios	merkaz asakim	מֶרְכַּז עֲסָקִים (ז)
escuela (f) de negocios	beit 'sefer le'asakim	בֵּית סֵפֶר לַעֲסָקִים (ז)

casino (m)	ka'zino	קָזִינוֹ (ז)
construcción (f)	bniya	בְּנִיָּה (נ)
consultoría (f)	yi'uts	יִיעוּץ (ז)

estomatología (f)	mirpa'at ʃi'nayim	מִרְפָּאַת שִׁינַּיִים (נ)
diseño (m)	itsuv	עִיצוּב (ז)
farmacia (f)	beit mir'kaχat	בֵּית מִרְקַחַת (ז)
tintorería (f)	nikui yaveʃ	נִיקוּי יָבֵשׁ (ז)
agencia (f) de empleo	soχnut 'koaχ adam	סוֹכְנוּת כּוֹחַ אָדָם (נ)

servicios (m pl) financieros	ʃerutim fi'nansim	שֵׁירוּתִים פִינַנְסִיִּים (ז״ר)
productos alimenticios	mutsrei mazon	מוּצְרֵי מָזוֹן (ז״ר)
funeraria (f)	beit levayot	בֵּית לְוָויוֹת (ז)
muebles (m pl)	rehitim	רָהִיטִים (ז״ר)
ropa (f)	bgadim	בְּגָדִים (ז״ר)
hotel (m)	beit malon	בֵּית מָלוֹן (ז)

helado (m)	'glida	גְּלִידָה (נ)
industria (f)	ta'asiya	תַּעֲשִׂיָּה (נ)
seguro (m)	bi'tuaχ	בִּיטּוּחַ (ז)
internet (m), red (f)	'internet	אִינְטֶרְנֶט (ז)
inversiones (f pl)	haʃka'ot	הַשְׁקָעוֹת (נ״ר)

joyero (m)	tsoref	צוֹרֵף (ז)
joyería (f)	taxʃitim	תַּכְשִׁיטִים (ז״ר)
lavandería (f)	miχbasa	מִכְבָּסָה (נ)
asesoría (f) jurídica	yo'ets miʃpati	יוֹעֵץ מִשְׁפָּטִי (ז)
industria (f) ligera	ta'asiya kala	תַּעֲשִׂיָּה קַלָּה (נ)

revista (f)	ʒurnal	זׁ'וּרְנָל (ז)
venta (f) por catálogo	meχira be'do'ar	מְכִירָה בְּדוֹאַר (נ)
medicina (f)	refu'a	רְפוּאָה (נ)
cine (m) (iremos al ~)	kol'no'a	קוֹלְנוֹעַ (ז)
museo (m)	muze'on	מוּזֵיאוֹן (ז)

agencia (f) de información	soxnut yedi'ot	סוֹכְנוּת יְדִיעוֹת (נ)
periódico (m)	iton	עִיתוֹן (ז)
club (m) nocturno	mo'adon 'laila	מוֹעֲדוֹן לַיְלָה (ז)
petróleo (m)	neft	נֵפְט (ז)
servicio (m) de entrega	ʃirut ʃlixim	שירות שליחים (ז)
industria (f) farmacéutica	rokxut	רוֹקְחוּת (נ)
poligrafía (f)	beit dfus	בֵּית דְפוּס (ז)
editorial (f)	hotsa'a la'or	הוֹצָאָה לָאוֹר (נ)
radio (f)	'radyo	רָדִיוֹ (ז)
inmueble (m)	nadlan	נַדְלָ"ן (ז)
restaurante (m)	mis'ada	מִסְעָדָה (נ)
agencia (f) de seguridad	xevrat ʃmira	חֶבְרַת שְמִירָה (נ)
deporte (m)	sport	סְפּוֹרְט (ז)
bolsa (f) de comercio	'bursa	בּוּרְסָה (נ)
tienda (f)	xanut	חָנוּת (נ)
supermercado (m)	super'market	סוּפֶּרְמַרְקֶט (ז)
piscina (f)	brexat sxiya	בְּרֵיכַת שְׂחִיָּה (נ)
taller (m)	mitpara	מִתְפָּרָה (נ)
televisión (f)	tele'vizya	טֶלָוִיזְיָה (נ)
teatro (m)	te'atron	תִיאַטְרוֹן (ז)
comercio (m)	misxar	מִסְחָר (ז)
servicios de transporte	hovalot	הוֹבָלוֹת (נ"ר)
turismo (m)	tayarut	תַיָירוּת (נ)
veterinario (m)	veterinar	וֶטֶרִינָר (ז)
almacén (m)	maxsan	מַחְסָן (ז)
recojo (m) de basura	isuf 'zevel	אִיסוּף זֶבֶל (ז)

El trabajo. Los negocios. Unidad 2

83. La exhibición. La feria comercial

exposición, feria (f)	ta'aruxa	תַּעֲרוּכָה (נ)
feria (f) comercial	ta'aruxa misxarit	תַּעֲרוּכָה מִסְחָרִית (נ)
participación (f)	hiʃtatfut	הִשְׁתַּתְּפוּת (נ)
participar (vi)	lehiʃtatef	לְהִשְׁתַּתֵּף
participante (m)	miʃtatef	מִשְׁתַּתֵּף (ז)
director (m)	menahel	מְנַהֵל (ז)
dirección (f)	misrad hame'argenim	מִשְׂרַד הַמְאַרְגְּנִים (ז)
organizador (m)	me'argen	מְאַרְגֵּן (ז)
organizar (vt)	le'argen	לְאַרְגֵּן
solicitud (f) de participación	'tofes hiʃtatfut	טוֹפֶס הִשְׁתַּתְּפוּת (ז)
rellenar (vt)	lemale	לְמַלֵּא
detalles (m pl)	pratim	פְּרָטִים (ז״ר)
información (f)	meida	מֵידָע (ז)
precio (m)	mexir	מְחִיר (ז)
incluso	kolel	כּוֹלֵל
incluir (vt)	lixlol	לִכְלוֹל
pagar (vi, vt)	leʃalem	לְשַׁלֵּם
cuota (f) de registro	dmei riʃum	דְּמֵי רִישׁוּם (ז״ר)
entrada (f)	knisa	כְּנִיסָה (נ)
pabellón (m)	bitan	בִּיתָן (ז)
registrar (vt)	lirʃom	לִרְשׁוֹם
tarjeta (f) de identificación	tag	תָּג (ז)
stand (m) de feria	duxan	דּוּכָן (ז)
reservar (vt)	liʃmor	לִשְׁמוֹר
vitrina (f)	madaf tetsuga	מַדָּף תְּצוּגָה (ז)
lámpara (f)	menorat spot	מְנוֹרַת סְפּוֹט (נ)
diseño (m)	itsuv	עִיצוּב (ז)
poner (colocar)	la'arox	לַעֲרוֹךְ
situarse (vr)	lehimatse	לְהִימָּצֵא
distribuidor (m)	mefits	מֵפִיץ (ז)
proveedor (m)	sapak	סַפָּק (ז)
suministrar (vt)	lesapek	לְסַפֵּק
país (m)	medina	מְדִינָה (נ)
extranjero (adj)	mexul	מְחוּ״ל
producto (m)	mutsar	מוּצָר (ז)
asociación (f)	amuta	עֲמוּתָה (נ)
sala (f) de conferencias	ulam knasim	אוּלָם כְּנָסִים (ז)

congreso (m)	kongres	קוֹנגרֶס (ז)
concurso (m)	taxarut	תַחֲרוּת (נ)
visitante (m)	mevaker	מְבַקֵר (ז)
visitar (vt)	levaker	לְבַקֵר
cliente (m)	la'koax	לָקוֹחַ (ז)

84. La ciencia. La investigación. Los científicos

ciencia (f)	mada	מַדָע (ז)
científico (adj)	mada'i	מַדָעִי
científico (m)	mad'an	מַדעָן (ז)
teoría (f)	te''orya	תֵיאוֹריָה (נ)
axioma (m)	aks'yoma	אַקסיוֹמָה (נ)
análisis (m)	ni'tuax	נִיתוּחַ (ז)
analizar (vt)	lena'teax	לְנַתֵחַ
argumento (m)	nimuk	נִימוּק (ז)
sustancia (f) (materia)	'xomer	חוֹמֶר (ז)
hipótesis (f)	hipo'teza	הִיפּוֹתֵזָה (נ)
dilema (m)	di'lema	דִילֶמָה (נ)
tesis (f) de grado	diser'tatsya	דִיסֶרטַציָה (נ)
dogma (m)	'dogma	דוֹגמָה (נ)
doctrina (f)	dok'trina	דוֹקטרִינָה (נ)
investigación (f)	mexkar	מֶחקָר (ז)
investigar (vt)	laxkor	לַחקוֹר
prueba (f)	nuisuyim	נִיסוּיִים (ז"ר)
laboratorio (m)	ma'abada	מַעֲבָּדָה (נ)
método (m)	ʃita	שִיטָה (נ)
molécula (f)	mo'lekula	מוֹלקוּלָה (נ)
seguimiento (m)	nitur	נִיטוּר (ז)
descubrimiento (m)	gilui	גִילוּי (ז)
postulado (m)	aks'yoma	אַקסיוֹמָה (נ)
principio (m)	ikaron	עִיקָרוֹן (ז)
pronóstico (m)	taxazit	תַחֲזִית (נ)
pronosticar (vt)	laxazot	לַחֲזוֹת
síntesis (f)	sin'teza	סִינתֶזָה (נ)
tendencia (f)	megama	מְגַמָה (נ)
teorema (m)	miʃpat	מִשפָּט (ז)
enseñanzas (f pl)	tora	תוֹרָה (נ)
hecho (m)	uvda	עוּבדָה (נ)
expedición (f)	miʃ'laxat	מִשלַחַת (נ)
experimento (m)	nisui	נִיסוּי (ז)
académico (m)	akademai	אֲקָדמַאי (ז)
bachiller (m)	'to'ar riʃon	תוֹאַר רִאשוֹן (ז)
doctorado (m)	'doktor	דוֹקטוֹר (ז)
docente (m)	martse baxir	מַרצֶה בָּכִיר (ז)

Master (m) (~ en Letras)　　musmax　　מוּסְמָךְ (ז)
profesor (m)　　pro'fesor　　פְּרוֹפֶסוֹר (ז)

Las profesiones y los oficios

85. La búsqueda de trabajo. El despido

trabajo (m)	avoda	עֲבוֹדָה (נ)
empleados (pl)	'segel	סֶגֶל (ז)
personal (m)	'segel	סֶגֶל (ז)
carrera (f)	kar'yera	קַרְיֵרָה (נ)
perspectiva (f)	efʃaruyot	אֶפְשָׁרֻיּוֹת (נ״ר)
maestría (f)	meyumanut	מְיֻמָּנוּת (נ)
selección (f)	sinun	סִינוּן (ז)
agencia (f) de empleo	soχnut 'koaχ adam	סוֹכְנוּת כֹּחַ אָדָם (נ)
curriculum vitae (m)	korot χayim	קוֹרוֹת חַיִּים (נ״ר)
entrevista (f)	ra'ayon avoda	רַאֲיוֹן עֲבוֹדָה (ז)
vacancia (f)	misra pnuya	מִשְׂרָה פְּנוּיָה (נ)
salario (m)	mas'koret	מַשְׂכֹּרֶת (נ)
salario (m) fijo	mas'koret kvuʻa	מַשְׂכֹּרֶת קְבוּעָה (נ)
remuneración (f)	taʃlum	תַּשְׁלוּם (ז)
puesto (m) (trabajo)	tafkid	תַּפְקִיד (ז)
deber (m)	χova	חוֹבָה (נ)
gama (f) de deberes	tχum aχrayut	תְּחוּם אַחֲרָיוּת (ז)
ocupado (adj)	asuk	עָסוּק
despedir (vt)	lefater	לְפַטֵּר
despido (m)	pitur	פִּיטוּר (ז)
desempleo (m)	avtala	אַבְטָלָה (נ)
desempleado (m)	muvtal	מוּבְטָל (ז)
jubilación (f)	'pensya	פֶּנְסְיָה (נ)
jubilarse	latset legimla'ot	לָצֵאת לְגִימְלָאוֹת

86. Los negociantes

director (m)	menahel	מְנַהֵל (ז)
gerente (m)	menahel	מְנַהֵל (ז)
jefe (m)	bos	בּוֹס (ז)
superior (m)	memune	מְמֻנֶּה (ז)
superiores (m pl)	memunim	מְמֻנִּים (ז״ר)
presidente (m)	nasi	נָשִׂיא (ז)
presidente (m) (de compañía)	yoʃev roʃ	יוֹשֵׁב רֹאשׁ (ז)
adjunto (m)	sgan	סְגָן (ז)
asistente (m)	ozer	עוֹזֵר (ז)

Español	Transliteración	Hebreo
secretario, -a (m, f)	mazkir	מַזְכִּיר (ז)
secretario (m) particular	mazkir iʃi	מַזְכִּיר אִישִׁי (ז)
hombre (m) de negocios	iʃ asakim	אִישׁ עֲסָקִים (ז)
emprendedor (m)	yazam	יָזָם (ז)
fundador (m)	meyased	מְיַיסֵד (ז)
fundar (vt)	leyased	לְיַיסֵד
institutor (m)	meχonen	מְכוֹנֵן (ז)
socio (m)	ʃutaf	שׁוּתָף (ז)
accionista (m)	'ba'al menayot	בַּעַל מְנָיוֹת (ז)
millonario (m)	milyoner	מִילְיוֹנֵר (ז)
multimillonario (m)	milyarder	מִילְיַארְדֶּר (ז)
propietario (m)	be'alim	בְּעָלִים (ז)
terrateniente (m)	'ba'al adamot	בַּעַל אֲדָמוֹת (ז)
cliente (m)	la'koaχ	לָקוֹחַ (ז)
cliente (m) habitual	la'koaχ ka'vu'a	לָקוֹחַ קָבוּעַ (ז)
comprador (m)	kone	קוֹנֶה (ז)
visitante (m)	mevaker	מְבַקֵּר (ז)
profesional (m)	miktso'an	מִקְצוֹעָן (ז)
experto (m)	mumχe	מוּמְחֶה (ז)
especialista (m)	mumχe	מוּמְחֶה (ז)
banquero (m)	bankai	בַּנְקַאי (ז)
broker (m)	soχen	סוֹכֵן (ז)
cajero (m)	kupai	קוּפַּאי (ז)
contable (m)	menahel χeʃbonot	מְנַהֵל חֶשְׁבּוֹנוֹת (ז)
guardia (m) de seguridad	ʃomer	שׁוֹמֵר (ז)
inversionista (m)	maʃ'ki'a	מַשְׁקִיעַ (ז)
deudor (m)	'ba'al χov	בַּעַל חוֹב (ז)
acreedor (m)	malve	מַלְוֶה (ז)
prestatario (m)	love	לוֹוֶה (ו)
importador (m)	yevu'an	יְבוּאָן (ז)
exportador (m)	yetsu'an	יְצוּאָן (ז)
productor (m)	yatsran	יַצְרָן (ז)
distribuidor (m)	mefits	מֵפִיץ (ז)
intermediario (m)	metaveχ	מְתַוֵּוךְ (ז)
asesor (m) (~ fiscal)	yo'ets	יוֹעֵץ (ז)
representante (m)	natsig meχirot	נְצִיג מְכִירוֹת (ז)
agente (m)	soχen	סוֹכֵן (ז)
agente (m) de seguros	soχen bi'tuaχ	סוֹכֵן בִּיטוּחַ (ז)

87. Los trabajos de servicio

Español	Transliteración	Hebreo
cocinero (m)	tabaχ	טַבָּח (ז)
jefe (m) de cocina	ʃef	שֶׁף (ז)

panadero (m)	ofe	אוֹפֶה (ז)
barman (m)	'barmen	בַּרְמֶן (ז)
camarero (m)	meltsar	מֶלְצָר (ז)
camarera (f)	meltsarit	מֶלְצָרִית (נ)
abogado (m)	orex din	עוֹרֵךְ דִין (ז)
jurista (m)	orex din	עוֹרֵךְ דִין (ז)
notario (m)	notaryon	נוֹטַרְיוֹן (ז)
electricista (m)	xaʃmalai	חַשְׁמַלַאי (ז)
fontanero (m)	ʃravrav	שְׁרַבְרָב (ז)
carpintero (m)	nagar	נַגָּר (ז)
masajista (m)	ma'ase	מְעַסֶּה (ז)
masajista (f)	masa'ʒistit	מַסָז'יסְטִית (נ)
médico (m)	rofe	רוֹפֵא (ז)
taxista (m)	nahag monit	נֶהַג מוֹנִית (ז)
chofer (m)	nahag	נֶהַג (ז)
repartidor (m)	ʃa'liax	שָׁלִיחַ (ז)
camarera (f)	xadranit	חַדְרָנִית (נ)
guardia (m) de seguridad	ʃomer	שׁוֹמֵר (ז)
azafata (f)	da'yelet	דַיֶּלֶת (נ)
profesor (m) (~ de baile, etc.)	more	מוֹרֶה (ז)
bibliotecario (m)	safran	סַפְרָן (ז)
traductor (m)	metargem	מְתַרְגֵם (ז)
intérprete (m)	meturgeman	מְתוּרְגְמָן (ז)
guía (m)	madrix tiyulim	מַדְרִיךְ טִיוּלִים (ז)
peluquero (m)	sapar	סַפָּר (ז)
cartero (m)	davar	דַוָּר (ז)
vendedor (m)	moxer	מוֹכֵר (ז)
jardinero (m)	ganan	גַּנָּן (ז)
servidor (m)	meʃaret	מְשָׁרֵת (ז)
criada (f)	meʃa'retet	מְשָׁרֶתֶת (נ)
mujer (f) de la limpieza	menaka	מְנַקָּה (נ)

88. La profesión militar y los rangos

soldado (m) raso	turai	טוּרַאי (ז)
sargento (m)	samal	סַמָּל (ז)
teniente (m)	'segen	סֶגֶן (ז)
capitán (m)	'seren	סֶרֶן (ז)
mayor (m)	rav 'seren	רַב־סֶרֶן (ז)
coronel (m)	aluf miʃne	אַלוּף מִשְׁנֶה (ז)
general (m)	aluf	אַלוּף (ז)
mariscal (m)	'marʃal	מַרְשָׁל (ז)
almirante (m)	admiral	אַדְמִירָל (ז)
militar (m)	iʃ tsava	אִישׁ צָבָא (ז)
soldado (m)	xayal	חַיָּל (ז)

oficial (m)	katsin	קָצִין (ז)
comandante (m)	mefaked	מְפַקֵד (ז)
guardafronteras (m)	ʃomer gvul	שׁוֹמֵר גְבוּל (ז)
radio-operador (m)	alχutai	אַלחוּטַאי (ז)
explorador (m)	iʃ modi'in kravi	אִישׁ מוֹדִיעִין קְרָבִי (ז)
zapador (m)	χablan	חַבְּלָן (ז)
tirador (m)	tsalaf	צַלָף (ז)
navegador (m)	navat	נַוָט (ז)

89. Los oficiales. Los sacerdotes

rey (m)	'meleχ	מֶלֶךְ (ז)
reina (f)	malka	מַלְכָּה (נ)
príncipe (m)	nasiχ	נָסִיךְ (ז)
princesa (f)	nesiχa	נְסִיכָה (נ)
zar (m)	tsar	צָאר (ז)
zarina (f)	tsa'rina	צָארִינָה (נ)
presidente (m)	nasi	נָשִׂיא (ז)
ministro (m)	sar	שַׂר (ז)
primer ministro (m)	roʃ memʃala	רֹאשׁ מֶמְשָׁלָה (ז)
senador (m)	se'nator	סֶנָאטוֹר (ז)
diplomático (m)	diplomat	דִיפְּלוֹמָט (ז)
cónsul (m)	'konsul	קוֹנְסוּל (ז)
embajador (m)	ʃagrir	שַׁגְרִיר (ז)
consejero (m)	yo'ets	יוֹעֵץ (ז)
funcionario (m)	pakid	פָּקִיד (ז)
prefecto (m)	prefekt	פְּרֶפֶקְט (ז)
alcalde (m)	roʃ ha'ir	רֹאשׁ הָעִיר (ז)
juez (m)	ʃofet	שׁוֹפֵט (ז)
fiscal (m)	to've'a	תוֹבֵעַ (ז)
misionero (m)	misyoner	מִיסְיוֹנֶר (ז)
monje (m)	nazir	נָזִיר (ז)
abad (m)	roʃ minzar ka'toli	רֹאשׁ מִנְזָר קָתוֹלִי (ז)
rabino (m)	rav	רַב (ז)
visir (m)	vazir	וָזִיר (ז)
sha (m)	ʃaχ	שָׁאח (ז)
jeque (m)	ʃeiχ	שֵׁיח (ז)

90. Las profesiones agrícolas

apicultor (m)	kavran	כַּוורָן (ז)
pastor (m)	ro'e tson	רוֹעֵה צֹאן (ז)
agrónomo (m)	agronom	אַגרוֹנוֹם (ז)

ganadero (m)	megadel bakar	מְגַדֵל בָּקָר (ז)
veterinario (m)	veterinar	וֶטֶרִינָר (ז)
granjero (m)	χavai	חַוַּאי (ז)
vinicultor (m)	yeinan	יֵינָן (ז)
zoólogo (m)	zo'olog	זוֹאוֹלוֹג (ז)
vaquero (m)	'ka'uboi	קָאוּבּוֹי (ז)

91. Las profesiones artísticas

actor (m)	saχkan	שַׂחְקָן (ז)
actriz (f)	saχkanit	שַׂחְקָנִית (נ)
cantante (m)	zamar	זַמָּר (ז)
cantante (f)	za'meret	זַמֶּרֶת (נ)
bailarín (m)	rakdan	רַקְדָן (ז)
bailarina (f)	rakdanit	רַקְדָנִית (נ)
artista (m)	saχkan	שַׂחְקָן (ז)
artista (f)	saχkanit	שַׂחְקָנִית (נ)
músico (m)	muzikai	מוּזִיקַאי (ז)
pianista (m)	psantran	פְּסַנְתְּרָן (ז)
guitarrista (m)	nagan gi'tara	נַגָּן גִּיטָרָה (ז)
director (m) de orquesta	mena'tseaχ	מְנַצֵּחַ (ז)
compositor (m)	malχin	מַלְחִין (ז)
empresario (m)	amargan	אָמַרְגָּן (ז)
director (m) de cine	bamai	בַּמָּאי (ז)
productor (m)	mefik	מֵפִיק (ז)
guionista (m)	tasritai	תַּסְרִיטַאי (ז)
crítico (m)	mevaker	מְבַקֵּר (ז)
escritor (m)	sofer	סוֹפֵר (ז)
poeta (m)	meʃorer	מְשׁוֹרֵר (ז)
escultor (m)	pasal	פַּסָּל (ז)
pintor (m)	tsayar	צַיָּר (ז)
malabarista (m)	lahatutan	לַהֲטוּטָן (ז)
payaso (m)	leitsan	לֵיצָן (ז)
acróbata (m)	akrobat	אַקְרוֹבָּט (ז)
ilusionista (m)	kosem	קוֹסֵם (ז)

92. Profesiones diversas

médico (m)	rofe	רוֹפֵא (ז)
enfermera (f)	aχot	אָחוֹת (נ)
psiquiatra (m)	psiχi''ater	פְּסִיכִיאָטֶר (ז)
dentista (m)	rofe ʃi'nayim	רוֹפֵא שִׁינַּיִים (ז)
cirujano (m)	kirurg	כִּירוּרג (ז)

astronauta (m)	astro'na'ut	אַסְטְרוֹנָאוּט (ז)
astrónomo (m)	astronom	אַסְטְרוֹנוֹם (ז)
piloto (m)	tayas	טַיָּס (ז)
conductor (m) (chófer)	nahag	נֶהָג (ז)
maquinista (m)	nahag ra'kevet	נֶהָג רַכֶּבֶת (ז)
mecánico (m)	meχonai	מְכוֹנַאי (ז)
minero (m)	kore	כּוֹרֶה (ז)
obrero (m)	po'el	פּוֹעֵל (ז)
cerrajero (m)	misgad	מַסְגֵּד (ז)
carpintero (m)	nagar	נַגָּר (ז)
tornero (m)	χarat	חָרָט (ז)
albañil (m)	banai	בַּנַּאי (ז)
soldador (m)	rataχ	רַתָּךְ (ז)
profesor (m) (título)	pro'fesor	פְּרוֹפֶסוֹר (ז)
arquitecto (m)	adriχal	אַדְרִיכָל (ז)
historiador (m)	historyon	הִיסְטוֹרְיוֹן (ז)
científico (m)	mad'an	מַדְעָן (ז)
físico (m)	fizikai	פִיזִיקַאי (ז)
químico (m)	χimai	כִימַאי (ז)
arqueólogo (m)	arχe'olog	אַרְכֵיאוֹלוֹג (ז)
geólogo (m)	ge'olog	גִיאוֹלוֹג (ז)
investigador (m)	χoker	חוֹקֵר (ז)
niñera (f)	ʃmartaf	שְׁמַרְטַף (ז)
pedagogo (m)	more, meχaneχ	מוֹרֶה, מְחַנֵּךְ (ז)
redactor (m)	oreχ	עוֹרֵךְ (ז)
redactor jefe (m)	oreχ raʃi	עוֹרֵךְ רָאשִׁי (ז)
corresponsal (m)	katav	כַּתָּב (ז)
mecanógrafa (f)	kaldanit	קַלְדָּנִית (נ)
diseñador (m)	me'atsev	מְעַצֵּב (ז)
especialista (m) en ordenadores	mumχe maχʃevim	מוּמְחֶה מַחְשֵׁבִים (ז)
programador (m)	metaχnet	מְתַכְנֵת (ז)
ingeniero (m)	mehandes	מְהַנְדֵּס (ז)
marino (m)	yamai	יַמַּאי (ז)
marinero (m)	malaχ	מַלָּח (ז)
socorrista (m)	matsil	מַצִּיל (ז)
bombero (m)	kabai	כַּבַּאי (ז)
policía (m)	ʃoter	שׁוֹטֵר (ז)
vigilante (m) nocturno	ʃomer	שׁוֹמֵר (ז)
detective (m)	balaʃ	בַּלָּשׁ (ז)
aduanero (m)	pakid 'meχes	פְּקִיד מֶכֶס (ז)
guardaespaldas (m)	ʃomer roʃ	שׁוֹמֵר רֹאשׁ (ז)
guardia (m) de prisiones	soher	סוֹהֵר (ז)
inspector (m)	mefa'keaχ	מְפַקֵּחַ (ז)
deportista (m)	sportai	סְפּוֹרְטַאי (ז)
entrenador (m)	me'amen	מְאַמֵּן (ז)

carnicero (m)	katsav	קַצָּב (ז)
zapatero (m)	sandlar	סַנְדְלָר (ז)
comerciante (m)	soxer	סוֹחֵר (ז)
cargador (m)	sabal	סַבָּל (ז)
diseñador (m) de modas	me'atsev ofna	מְעַצֵּב אוֹפְנָה (ז)
modelo (f)	dugmanit	דוּגְמָנִית (נ)

93. Los trabajos. El estatus social

escolar (m)	talmid	תַלְמִיד (ז)
estudiante (m)	student	סְטוּדֶנְט (ז)
filósofo (m)	filosof	פִּילוֹסוֹף (ז)
economista (m)	kalkelan	כַּלְכְּלָן (ז)
inventor (m)	mamtsi	מַמְצִיא (ז)
desempleado (m)	muvtal	מוּבְטָל (ז)
jubilado (m)	pensyoner	פֶּנְסיוֹנֶר (ז)
espía (m)	meragel	מְרַגֵּל (ז)
prisionero (m)	asir	אָסִיר (ז)
huelguista (m)	ʃovet	שׁוֹבֵת (ז)
burócrata (m)	birokrat	בִּירוֹקְרָט (ז)
viajero (m)	metayel	מְטַיֵּיל (ז)
homosexual (m)	'lesbit, 'homo	לֶסְבִּית (נ), הוֹמוֹ (ז)
hacker (m)	'haker	הָאקֶר (ז)
hippie (m)	'hipi	הִיפִּי (ז)
bandido (m)	ʃoded	שׁוֹדֵד (ז)
sicario (m)	ro'tseax saxir	רוֹצֵחַ שָׂכִיר (ז)
drogadicto (m)	narkoman	נַרְקוֹמָן (ז)
narcotraficante (m)	soxer samim	סוֹחֵר סַמִּים (ז)
prostituta (f)	zona	זוֹנָה (נ)
chulo (m), proxeneta (m)	sarsur	סַרְסוּר (ז)
brujo (m)	mexaʃef	מְכַשֵּׁף (ז)
bruja (f)	maxʃefa	מַכְשֵׁפָה (נ)
pirata (m)	ʃoded yam	שׁוֹדֵד יָם (ז)
esclavo (m)	ʃifxa, 'eved	שִׁפְחָה (נ), עֶבֶד (ז)
samurai (m)	samurai	סָמוּרַאי (ז)
salvaje (m)	'pere adam	פֶּרֶא אָדָם (ז)

La educación

94. La escuela

escuela (f)	beit 'sefer	בֵּית סֵפֶר (ז)
director (m) de escuela	menahel beit 'sefer	מְנַהֵל בֵּית סֵפֶר (ז)
alumno (m)	talmid	תַּלְמִיד (ז)
alumna (f)	talmida	תַּלְמִידָה (נ)
escolar (m)	talmid	תַּלְמִיד (ז)
escolar (f)	talmida	תַּלְמִידָה (נ)
enseñar (vt)	lelamed	לְלַמֵּד
aprender (ingles, etc.)	lilmod	לִלְמוֹד
aprender de memoria	lilmod be'al pe	לִלְמוֹד בְּעַל פֶּה
aprender (a leer, etc.)	lilmod	לִלְמוֹד
estar en la escuela	lilmod	לִלְמוֹד
ir a la escuela	la'leχet le'beit 'sefer	לָלֶכֶת לְבֵית סֵפֶר
alfabeto (m)	alefbeit	אָלֶפְבֵּית (ז)
materia (f)	mik'tso'a	מִקְצוֹעַ (ז)
aula (f)	kita	כִּיתָה (נ)
lección (f)	ʃi'ur	שִׁיעוּר (ז)
recreo (m)	hafsaka	הַפְסָקָה (נ)
campana (f)	pa'amon	פַּעֲמוֹן (ז)
pupitre (m)	ʃulχan limudim	שׁוּלחַן לִימוּדִים (ז)
pizarra (f)	'luaχ	לוּחַ (ז)
nota (f)	tsiyun	צִיּוּן (ו)
buena nota (f)	tsiyun tov	צִיּוּן טוֹב (ז)
mala nota (f)	tsiyun ga'ru'a	צִיּוּן גָּרוּעַ (ז)
poner una nota	latet tsiyun	לָתֵת צִיּוּן
falta (f)	ta'ut	טָעוּת (נ)
hacer faltas	la'asot ta'uyot	לַעֲשׂוֹת טָעוּיוֹת
corregir (un error)	letaken	לְתַקֵּן
chuleta (f)	ʃlif	שְׁלִיף (ז)
deberes (m pl) de casa	ʃi'urei 'bayit	שִׁיעוּרֵי בַּיִת (ז"ר)
ejercicio (m)	targil	תַּרְגִּיל (ז)
estar presente	lihyot no'χeaχ	לִהְיוֹת נוֹכֵחַ
estar ausente	lehe'ader	לְהֵיעָדֵר
faltar a las clases	lehaχsir	לְהַחְסִיר
castigar (vt)	leha'aniʃ	לְהַעֲנִישׁ
castigo (m)	'oneʃ	עוֹנֶשׁ (ז)
conducta (f)	hitnahagut	הִתְנַהֲגוּת (נ)

libreta (f) de notas	yoman beit 'sefer	יוֹמָן בֵּית סֵפֶר (ז)
lápiz (m)	iparon	עִיפָּרוֹן (ז)
goma (f) de borrar	'maxak	מָחַק (ז)
tiza (f)	gir	גִּיר (ז)
cartuchera (f)	kalmar	קַלְמָר (ז)
mochila (f)	yalkut	יַלְקוּט (ז)
bolígrafo (m)	et	עֵט (ז)
cuaderno (m)	max'beret	מַחְבֶּרֶת (נ)
manual (m)	'sefer limud	סֵפֶר לִימוּד (ז)
compás (m)	mexuga	מְחוּגָה (נ)
trazar (vi, vt)	lesartet	לְשַׂרְטֵט
dibujo (m) técnico	sirtut	שִׂרְטוּט (ז)
poema (m), poesía (f)	ʃir	שִׁיר (ז)
de memoria (adv)	be'al pe	בְּעַל פֶּה
aprender de memoria	lilmod be'al pe	לִלְמוֹד בְּעַל פֶּה
vacaciones (f pl)	xuffa	חוּפְשָׁה (נ)
estar de vacaciones	lihyot bexuffa	לִהְיוֹת בְּחוּפְשָׁה
pasar las vacaciones	leha'avir 'xofeʃ	לְהַעֲבִיר חוֹפֶשׁ
prueba (f) escrita	mivxan	מִבְחָן (ז)
composición (f)	xibur	חִיבּוּר (ז)
dictado (m)	haxtava	הַכְתָּבָה (נ)
examen (m)	bxina	בְּחִינָה (נ)
hacer un examen	lehibaxen	לְהִיבָּחֵן
experimento (m)	nisui	נִיסוּי (ז)

95. Los institutos. La Universidad

academia (f)	aka'demya	אָקָדֶמְיָה (נ)
universidad (f)	uni'versita	אוּנִיבֶּרְסִיטָה (נ)
facultad (f)	fa'kulta	פָקוּלְטָה (נ)
estudiante (m)	student	סְטוּדֶנְט (ז)
estudiante (f)	stu'dentit	סְטוּדֶנְטִית (נ)
profesor (m)	martse	מַרְצֶה (ז)
aula (f)	ulam hartsa'ot	אוּלָם הַרְצָאוֹת (ז)
graduado (m)	boger	בּוֹגֵר (ז)
diploma (m)	di'ploma	דִּיפְלוֹמָה (נ)
tesis (f) de grado	diser'tatsya	דִּיסֶרְטַצְיָה (נ)
estudio (m)	mexkar	מֶחְקָר (ז)
laboratorio (m)	ma'abada	מַעֲבָּדָה (נ)
clase (f)	hartsa'a	הַרְצָאָה (נ)
compañero (m) de curso	xaver lelimudim	חָבֵר לְלִימוּדִים (ז)
beca (f)	milga	מִלְגָּה (נ)
grado (m) académico	'to'ar aka'demi	תּוֹאַר אָקָדֶמִי (ז)

96. Las ciencias. Las disciplinas

matemáticas (f pl)	mate'matika	מָתֵמָטִיקָה (נ)
álgebra (f)	'algebra	אַלְגֶּבְרָה (נ)
geometría (f)	ge'o'metriya	גֵּיאוֹמֶטְרִיָּה (נ)
astronomía (f)	astro'nomya	אַסְטְרוֹנוֹמִיָה (נ)
biología (f)	bio'logya	בִּיוֹלוֹגְיָה (נ)
geografía (f)	ge'o'grafya	גֵּיאוֹגְרַפְיָה (נ)
geología (f)	ge'o'logya	גֵּיאוֹלוֹגְיָה (נ)
historia (f)	his'torya	הִיסְטוֹרְיָה (נ)
medicina (f)	refu'a	רְפוּאָה (נ)
pedagogía (f)	χinuχ	חִינוּךְ (ז)
derecho (m)	miʃpatim	מִשְׁפָּטִים (ז״ר)
física (f)	'fizika	פִיזִיקָה (נ)
química (f)	'χimya	כִימְיָה (נ)
filosofía (f)	filo'sofya	פִילוֹסוֹפְיָה (נ)
psicología (f)	psiχo'logya	פְסִיכוֹלוֹגְיָה (נ)

97. Los sistemas de escritura. La ortografía

gramática (f)	dikduk	דִקְדוּק (ז)
vocabulario (m)	otsar milim	אוֹצַר מִילִים (ז)
fonética (f)	torat ha'hege	תּוֹרַת הַהֶגֶה (נ)
sustantivo (m)	ʃem 'etsem	שֵׁם עֶצֶם (ז)
adjetivo (m)	ʃem 'to'ar	שֵׁם תּוֹאַר (ז)
verbo (m)	po'el	פּוֹעַל (ז)
adverbio (m)	'to'ar 'po'al	תּוֹאַר פּוֹעַל (ז)
pronombre (m)	ʃem guf	שֵׁם גוּף (ז)
interjección (f)	milat kri'a	מִילַת קְרִיאָה (נ)
preposición (f)	milat 'yaχas	מִילַת יַחַס (נ)
raíz (f), radical (m)	'ʃoreʃ	שׁוֹרֶשׁ (ז)
desinencia (f)	si'yomet	סִיוֹמֶת (נ)
prefijo (m)	tχilit	תְחִילִית (נ)
sílaba (f)	havara	הֲבָרָה (נ)
sufijo (m)	si'yomet	סִיוֹמֶת (נ)
acento (m)	'ta'am	טַעַם (ז)
apóstrofo (m)	'gereʃ	גֶרֶשׁ (ז)
punto (m)	nekuda	נְקוּדָה (נ)
coma (m)	psik	פְּסִיק (ז)
punto y coma	nekuda ufsik	נְקוּדָה וּפְסִיק (נ)
dos puntos (m pl)	nekudo'tayim	נְקוּדוֹתַיִים (נ״ר)
puntos (m pl) suspensivos	ʃaloʃ nekudot	שָׁלוֹשׁ נְקוּדוֹת (נ״ר)
signo (m) de interrogación	siman ʃe'ela	סִימָן שְׁאֵלָה (ז)
signo (m) de admiración	siman kri'a	סִימָן קְרִיאָה (ז)

comillas (f pl)	merxa'ot	מֵרְכָאוֹת (ז"ר)
entre comillas	bemerxa'ot	בְּמֵרְכָאוֹת
paréntesis (m)	sog'rayim	סוֹגְרַיִים (ז"ר)
entre paréntesis	besog'rayim	בְּסוֹגְרַיִים
guión (m)	makaf	מַקָף (ז)
raya (f)	kav mafrid	קַו מַפְרִיד (ז)
blanco (m)	'revax	רֶוַח (ז)
letra (f)	ot	אוֹת (נ)
letra (f) mayúscula	ot gdola	אוֹת גְדוֹלָה (נ)
vocal (f)	tnu'a	תְנוּעָה (נ)
consonante (m)	itsur	עִיצוּר (ז)
oración (f)	miʃpat	מִשְׁפָּט (ז)
sujeto (m)	nose	נוֹשֵׂא (ז)
predicado (m)	nasu	נָשׂוּא (ז)
línea (f)	ʃura	שׁוּרָה (נ)
en una nueva línea	beʃura xadaʃa	בְּשׁוּרָה חֲדָשָׁה
párrafo (m)	piska	פִּסְקָה (נ)
palabra (f)	mila	מִילָה (נ)
combinación (f) de palabras	tsiruf milim	צֵירוּף מִילִים (ז)
expresión (f)	bitui	בִּיטוּי (ז)
sinónimo (m)	mila nir'defet	מִילָה נִרְדֶפֶת (נ)
antónimo (m)	'hefex	הֶפֶךְ (ז)
regla (f)	klal	כְּלָל (ז)
excepción (f)	yotse min haklal	יוֹצֵא מִן הַכְּלָל (ז)
correcto (adj)	naxon	נָכוֹן
conjugación (f)	hataya	הַטָיָיה (נ)
declinación (f)	hataya	הַטָיָיה (נ)
caso (m)	yaxasa	יַחֲסָה (נ)
pregunta (f)	ʃe'ela	שְׁאֵלָה (נ)
subrayar (vt)	lehadgiʃ	לְהַדְגִיש
línea (f) de puntos	kav nakud	קַו נָקוּד (ז)

98. Los idiomas extranjeros

lengua (f)	safa	שָׂפָה (נ)
extranjero (adj)	zar	זָר
lengua (f) extranjera	safa zara	שָׂפָה זָרָה (נ)
estudiar (vt)	lilmod	לִלְמוֹד
aprender (ingles, etc.)	lilmod	לִלְמוֹד
leer (vi, vt)	likro	לִקְרוֹא
hablar (vi, vt)	ledaber	לְדַבֵּר
comprender (vt)	lehavin	לְהָבִין
escribir (vt)	lixtov	לִכְתוֹב
rápidamente (adv)	maher	מַהֵר
lentamente (adv)	le'at	לְאַט

con fluidez (adv)	χofʃi	חוֹפְשִׁי
reglas (f pl)	klalim	כְּלָלִים (ז"ר)
gramática (f)	dikduk	דִקדוּק (ז)
vocabulario (m)	otsar milim	אוֹצַר מִילִים (ז)
fonética (f)	torat ha'hege	תוֹרַת הַהָגָה (נ)
manual (m)	'sefer limud	סֵפֶר לִימוּד (ז)
diccionario (m)	milon	מִילוֹן (ז)
manual (m) autodidáctico	'sefer lelimud atsmi	סֵפֶר לְלִימוּד עַצמִי (ז)
guía (f) de conversación	siχon	שִׂיחוֹן (ז)
casete (m)	ka'letet	קַלֶטֶת (נ)
videocasete (f)	ka'letet 'vide'o	קַלֶטֶת וִידֵיאוֹ (נ)
disco compacto, CD (m)	taklitor	תַקלִיטוֹר (ז)
DVD (m)	di vi di	דִי. וִי. דִי. (ז)
alfabeto (m)	alefbeit	אָלֶפבֵּית (ז)
deletrear (vt)	le'ayet	לְאַיֵית
pronunciación (f)	hagiya	הֲגִיָיה (נ)
acento (m)	mivta	מִבטָא (ז)
con acento	im mivta	עִם מִבטָא
sin acento	bli mivta	בּלִי מִבטָא
palabra (f)	mila	מִילָה (נ)
significado (m)	maʃmaʻut	מַשׁמָעוּת (נ)
cursos (m pl)	kurs	קוּרס (ז)
inscribirse (vr)	leheraʃem lekurs	לְהֵירָשֵׁם לְקוּרס
profesor (m) (~ de inglés)	more	מוֹרָה (ז)
traducción (f) (proceso)	tirgum	תַרגוּם (ז)
traducción (f) (texto)	tirgum	תַרגוּם (ז)
traductor (m)	metargem	מְתַרגֵם (ז)
intérprete (m)	meturgeman	מְתוּרגְמָן (ז)
políglota (m)	poliglot	פּוֹלִיגלוֹט (ז)
memoria (f)	zikaron	זִיכָּרוֹן (ז)

El descanso. El entretenimiento. El viaje

99. Las vacaciones. El viaje

turismo (m)	tayarut	תַּיָּירוּת (נ)
turista (m)	tayar	תַּיָּיר (ז)
viaje (m)	tiyul	טִיוּל (ז)
aventura (f)	harpatka	הַרְפַּתְקָה (נ)
viaje (m) (p.ej. ~ en coche)	nesi'a	נְסִיעָה (נ)
vacaciones (f pl)	ʃuffa	חוּפְשָׁה (נ)
estar de vacaciones	lihyot beʃuffa	לִהְיוֹת בְּחוּפְשָׁה
descanso (m)	menuxa	מְנוּחָה (נ)
tren (m)	ra'kevet	רַכֶּבֶת (נ)
en tren	bera'kevet	בְּרַכֶּבֶת
avión (m)	matos	מָטוֹס (ז)
en avión	bematos	בְּמָטוֹס
en coche	bemexonit	בִּמְכוֹנִית
en barco	be'oniya	בָּאוֹנִיָּיה
equipaje (m)	mit'an	מִטְעָן (ז)
maleta (f)	mizvada	מִזְוָודָה (נ)
carrito (m) de equipaje	eglat mit'an	עֶגְלַת מִטְעָן (נ)
pasaporte (m)	darkon	דַּרְכּוֹן (ז)
visado (m)	'viza, aʃra	וִיזָה, אַשְׁרָה (נ)
billete (m)	kartis	כַּרְטִיס (ז)
billete (m) de avión	kartis tisa	כַּרְטִיס טִיסָה (ז)
guía (f) (libro)	madrix	מַדְרִיךְ (ז)
mapa (m)	mapa	מַפָּה (נ)
área (f) (~ rural)	ezor	אֵזוֹר (ז)
lugar (m)	makom	מָקוֹם (ז)
exotismo (m)	ek'zotika	אֶקְזוֹטִיקָה (נ)
exótico (adj)	ek'zoti	אֶקְזוֹטִי
asombroso (adj)	nifla	נִפְלָא
grupo (m)	kvutsa	קְבוּצָה (נ)
excursión (f)	tiyul	טִיוּל (ז)
guía (m) (persona)	madrix tiyulim	מַדְרִיךְ טִיּוּלִים (ז)

100. El hotel

hotel (m)	malon	מָלוֹן (ז)
motel (m)	motel	מוֹטֶל (ז)
de tres estrellas	ʃloʃa koxavim	שְׁלוֹשָׁה כּוֹכָבִים

| de cinco estrellas | xamiſa koxavim | חֲמִישָׁה כּוֹכָבִים |
| hospedarse (vr) | lehit'axsen | לְהִתְאַכְסֵן |

habitación (f)	'xeder	חֶדֶר (ז)
habitación (f) individual	'xeder yaxid	חֶדֶר יָחִיד (ז)
habitación (f) doble	'xeder zugi	חֶדֶר זוּגִי (ז)
reservar una habitación	lehazmin 'xeder	לְהַזְמִין חֶדֶר

| media pensión (f) | xatsi pensiyon | חֲצִי פֶּנְסִיוֹן (ז) |
| pensión (f) completa | pensyon male | פֶּנְסִיוֹן מָלֵא (ז) |

con baño	im am'batya	עִם אַמְבַּטְיָה
con ducha	im mik'laxat	עִם מִקְלַחַת
televisión (f) satélite	tele'vizya bekvalim	טֶלֶוִויזְיָה בְּכְבָלִים (נ)
climatizador (m)	mazgan	מַזְגָן (ז)
toalla (f)	ma'gevet	מַגֶּבֶת (נ)
llave (f)	maf'teax	מַפְתֵּחַ (ז)

administrador (m)	amarkal	אֲמַרְכָּל (ז)
camarera (f)	xadranit	חַדְרָנִית (נ)
maletero (m)	sabal	סַבָּל (ז)
portero (m)	pakid kabala	פְּקִיד קַבָּלָה (ז)

restaurante (m)	mis'ada	מִסְעָדָה (נ)
bar (m)	bar	בָּר (ז)
desayuno (m)	aruxat 'boker	אֲרוּחַת בּוֹקֶר (נ)
cena (f)	aruxat 'erev	אֲרוּחַת עֶרֶב (נ)
buffet (m) libre	miznon	מִזְנוֹן (ז)

| vestíbulo (m) | 'lobi | לוֹבִּי (ז) |
| ascensor (m) | ma'alit | מַעֲלִית (נ) |

| NO MOLESTAR | lo lehaf'ri'a | לֹא לְהַפְרִיעַ |
| PROHIBIDO FUMAR | asur le'aʃen! | אָסוּר לְעַשֵׁן! |

EL EQUIPO TÉCNICO. EL TRANSPORTE

El equipo técnico

101. El computador

ordenador (m)	maxʃev	מַחְשֵׁב (ז)
ordenador (m) portátil	maxʃev nayad	מַחְשֵׁב נַיָּד (ז)
encender (vt)	lehadlik	לְהַדְלִיק
apagar (vt)	lexabot	לְכַבּוֹת
teclado (m)	mik'ledet	מִקְלֶדֶת (נ)
tecla (f)	makaʃ	מַקָּשׁ (ז)
ratón (m)	axbar	עַכְבָּר (ז)
alfombrilla (f) para ratón	ʃa'tiax le'axbar	שָׁטִיח לְעַכְבָּר (ז)
botón (m)	kaftor	כַּפְתּוֹר (ז)
cursor (m)	saman	סַמָּן (ז)
monitor (m)	masax	מָסָךְ (ז)
pantalla (f)	tsag	צָג (ז)
disco (m) duro	disk ka'ʃiax	דִּיסְק קָשִׁיחַ (ז)
volumen (m) de disco duro	'nefax disk ka'ʃiax	נֶפַח דִּיסְק קָשִׁיחַ (ז)
memoria (f)	zikaron	זִיכָּרוֹן (ז)
memoria (f) operativa	zikaron giʃa akra'it	זִיכָּרוֹן גִּישָׁה אַקְרָאִית (ז)
archivo, fichero (m)	'kovets	קוֹבֶץ (ז)
carpeta (f)	tikiya	תִּיקִיָּיה (נ)
abrir (vt)	lif'toax	לִפְתּוֹחַ
cerrar (vt)	lisgor	לִסְגּוֹר
guardar (un archivo)	liʃmor	לִשְׁמוֹר
borrar (vt)	limxok	לִמְחוֹק
copiar (vt)	leha'atik	לְהַעֲתִיק
ordenar (vt) (~ de A a Z, etc.)	lemayen	לְמַיֵּן
transferir (vt)	leha'avir	לְהַעֲבִיר
programa (m)	toxna	תּוֹכְנָה (נ)
software (m)	toxna	תּוֹכְנָה (נ)
programador (m)	metaxnet	מְתַכְנֵת (ז)
programar (vt)	letaxnet	לְתַכְנֵת
hacker (m)	'haker	הָאקֵר (ז)
contraseña (f)	sisma	סִיסְמָה (נ)
virus (m)	'virus	וִירוּס (ז)
detectar (vt)	limtso, le'ater	לִמְצוֹא, לְאַתֵּר
octeto, byte (m)	bait	בַּייט (ז)

megaocteto (m)	megabait	מֶגָבַּייט (ז)
datos (m pl)	netunim	נְתוּנִים (ז"ר)
base (f) de datos	bsis netunim	בְּסִיס נְתוּנִים (ז)
cable (m)	'kevel	כֶּבֶל (ז)
desconectar (vt)	lenatek	לְנַתֵק
conectar (vt)	leχaber	לְחַבֵּר

102. El internet. El correo electrónico

internet (m), red (f)	'internet	אִינְטֶרְנֶט (ז)
navegador (m)	dafdefan	דַפְדְפָן (ז)
buscador (m)	ma'no'a χipus	מָנוֹעַ חִיפּוּשׂ (ז)
proveedor (m)	sapak	סַפָּק (ז)
webmaster (m)	menahel ha'atar	מְנַהֵל הָאָתָר (ז)
sitio (m) web	atar	אָתָר (ז)
página (f) web	daf 'internet	דַף אִינְטֶרְנֶט (ז)
dirección (f)	'ktovet	כְּתוֹבֶת (נ)
libro (m) de direcciones	'sefer ktovot	סֵפֶר כְּתוֹבוֹת (ז)
buzón (m)	teivat 'do'ar	תֵיבַת דוֹאַר (נ)
correo (m)	'do'ar, 'do'al	דוֹאַר (ז), דוֹא"ל (ז)
lleno (adj)	gaduʃ	גָדוּשׁ
mensaje (m)	hoda'a	הוֹדָעָה (נ)
correo (m) entrante	hoda'ot niχnasot	הוֹדָעוֹת נִכְנָסוֹת (נ"ר)
correo (m) saliente	hoda'ot yots'ot	הוֹדָעוֹת יוֹצְאוֹת (נ"ר)
expedidor (m)	ʃo'leaχ	שׁוֹלֵחַ (ז)
enviar (vt)	liʃ'loaχ	לִשְׁלוֹחַ
envío (m)	ʃliχa	שְׁלִיחָה (נ)
destinatario (m)	nim'an	נִמְעָן (ז)
recibir (vt)	lekabel	לְקַבֵּל
correspondencia (f)	hitkatvut	הִתְכַּתְבוּת (נ)
escribirse con …	lehitkatev	לְהִתְכַּתֵב
archivo, fichero (m)	'kovets	קוֹבֶץ (ז)
descargar (vt)	lehorid	לְהוֹרִיד
crear (vt)	litsor	לִיצוֹר
borrar (vt)	limχok	לִמְחוֹק
borrado (adj)	maχuk	מָחוּק
conexión (f) (ADSL, etc.)	χibur	חִיבּוּר (ז)
velocidad (f)	mehirut	מְהִירוּת (נ)
módem (m)	'modem	מוֹדֶם (ז)
acceso (m)	giʃa	גִישָׁה (נ)
puerto (m)	port	פּוֹרְט (ז)
conexión (f) (establecer la ~)	χibur	חִיבּוּר (ז)
conectarse a …	lehitχaber	לְהִתְחַבֵּר
seleccionar (vt)	livχor	לִבְחוֹר
buscar (vt)	leχapes	לְחַפֵּשׂ

103. La electricidad

electricidad (f)	χaʃmal	חַשְׁמַל (ז)
eléctrico (adj)	χaʃmali	חַשְׁמַלִי
central (f) eléctrica	taχanat 'koaχ	תַּחֲנַת כּוֹחַ (נ)
energía (f)	e'nergya	אֶנֶרְגְיָה (נ)
energía (f) eléctrica	e'nergya χaʃmalit	אֶנֶרְגְיָה חַשְׁמַלִית (נ)
bombilla (f)	nura	נוּרָה (נ)
linterna (f)	panas	פָּנָס (ז)
farola (f)	panas reχov	פָּנָס רְחוֹב (ז)
luz (f)	or	אוֹר (ז)
encender (vt)	lehadlik	לְהַדְלִיק
apagar (vt)	leχabot	לְכַבּוֹת
apagar la luz	leχabot	לְכַבּוֹת
quemarse (vr)	lehisaref	לְהִישָׂרֵף
circuito (m) corto	'ketser	קֶצֶר (ז)
ruptura (f)	χut ka'ru'a	חוּט קָרוּעַ (ז)
contacto (m)	maga	מַגָּע (ז)
interruptor (m)	'meteg	מֶתֶג (ז)
enchufe (m)	'ʃeka	שֶׁקַע (ז)
clavija (f)	'teka	תֶּקַע (ז)
alargador (m)	'kabel ma'ariχ	כֶּבֶל מַאֲרִיךְ (ז)
fusible (m)	natiχ	נָתִיךְ (ז)
cable, hilo (m)	χut	חוּט (ז)
instalación (f) eléctrica	χivut	חִיווּט (ז)
amperio (m)	amper	אַמְפֵּר (ז)
amperaje (m)	'zerem χaʃmali	זֶרֶם חַשְׁמַלִי (ז)
voltio (m)	volt	וֹלְט (ז)
voltaje (m)	'metaχ	מֶתַח (ז)
aparato (m) eléctrico	maχʃir χaʃmali	מַכְשִׁיר חַשְׁמַלִי (ז)
indicador (m)	maχvan	מַחְוָון (ז)
electricista (m)	χaʃmalai	חַשְׁמַלַאי (ז)
soldar (vt)	lehalχim	לְהַלְחִים
soldador (m)	malχem	מַלְחֵם (ז)
corriente (f)	'zerem	זֶרֶם (ז)

104. Las herramientas

instrumento (m)	kli	כְּלִי (ז)
instrumentos (m pl)	klei avoda	כְּלֵי עֲבוֹדָה (ז"ר)
maquinaria (f)	tsiyud	צִיוּד (ז)
martillo (m)	patiʃ	פַּטִישׁ (ז)
destornillador (m)	mavreg	מַבְרֵג (ז)
hacha (f)	garzen	גַרְזֶן (ז)

sierra (f)	masor	מַסּוֹר (ז)
serrar (vt)	lenaser	לְנַסֵּר
cepillo (m)	maktso'a	מַקְצוּעָה (נ)
cepillar (vt)	lehak'tsi'a	לְהַקְצִיעַ
soldador (m)	malχem	מַלְחֵם (ז)
soldar (vt)	lehalχim	לְהַלְחִים
lima (f)	ptsira	פְּצִירָה (נ)
tenazas (f pl)	tsvatot	צְבָתוֹת (נ״ר)
alicates (m pl)	mel'kaχat	מֶלְקַחַת (נ)
escoplo (m)	izmel	אִזְמֵל (ז)
broca (f)	mak'deaχ	מַקְדֵּחַ (ז)
taladro (m)	makdeχa	מַקְדֵּחָה (נ)
taladrar (vi, vt)	lik'doaχ	לִקְדּוֹחַ
cuchillo (m)	sakin	סַכִּין (ז, נ)
navaja (f)	olar	אוֹלָר (ז)
filo (m)	'lahav	לַהַב (ז)
agudo (adj)	χad	חַד
embotado (adj)	kehe	קֵהֶה
embotarse (vr)	lehitkahot	לְהִתְקַהוֹת
afilar (vt)	lehaʃχiz	לְהַשְׁחִיז
perno (m)	'boreg	בּוֹרֶג (ז)
tuerca (f)	om	אוֹם (ז)
filete (m)	tavrig	תַּבְרִיג (ז)
tornillo (m)	'boreg	בּוֹרֶג (ז)
clavo (m)	masmer	מַסְמֵר (ז)
cabeza (f) del clavo	roʃ hamasmer	רֹאשׁ הַמַּסְמֵר (ז)
regla (f)	sargel	סַרְגֵּל (ז)
cinta (f) métrica	'seret meida	סֶרֶט מֵידָה (ז)
nivel (m) de burbuja	'peles	פֶּלֶס (ז)
lupa (f)	zχuχit mag'dolot	זְכוּכִית מַגְדֶּלֶת (נ)
aparato (m) de medida	maχʃir medida	מַכְשִׁיר מְדִידָה (ז)
medir (vt)	limdod	לִמְדּוֹד
escala (f) (~ métrica)	'skala	סְקָאלָה (נ)
lectura (f)	medida	מְדִידָה (נ)
compresor (m)	madχes	מַדְחֵס (ז)
microscopio (m)	mikroskop	מִיקְרוֹסְקוֹפּ (ז)
bomba (f) (~ de agua)	maʃeva	מַשְׁאֵבָה (נ)
robot (m)	robot	רוֹבּוֹט (ז)
láser (m)	'leizer	לַייזֶר (ז)
llave (f) de tuerca	maf'teaχ bragim	מַפְתֵּחַ בְּרָגִים (ז)
cinta (f) adhesiva	neyar 'devek	נְיָיר דֶּבֶק (ז)
cola (f), pegamento (m)	'devek	דֶּבֶק (ז)
papel (m) de lija	neyar zχuχit	נְיָיר זְכוּכִית (ז)
resorte (m)	kfits	קְפִיץ (ז)

imán (m)	magnet	מַגְנֵט (ז)
guantes (m pl)	kfafot	כְּפָפוֹת (נ"ר)
cuerda (f)	'xevel	חֶבֶל (ז)
cordón (m)	srox	שְׂרוֹךְ (ז)
hilo (m) (~ eléctrico)	xut	חוּט (ז)
cable (m)	'kevel	כֶּבֶל (ז)
almádana (f)	kurnas	קוּרְנָס (ז)
barra (f)	lom	לוֹם (ז)
escalera (f) portátil	sulam	סוּלָם (ז)
escalera (f) de tijera	sulam	סוּלָם (ז)
atornillar (vt)	lehavrig	לְהַבְרִיג
destornillar (vt)	lif'toax, lehavrig	לִפְתּוֹחַ, לְהַבְרִיג
apretar (vt)	lehadek	לְהַדֵּק
pegar (vt)	lehadbik	לְהַדְבִּיק
cortar (vt)	laxtox	לַחְתּוֹךְ
fallo (m)	takala	תַּקָלָה (נ)
reparación (f)	tikun	תִּיקוּן (ז)
reparar (vt)	letaken	לְתַקֵן
regular, ajustar (vt)	lexavnen	לְכַוּוֵן
verificar (vt)	livdok	לִבְדוֹק
control (m)	bdika	בְּדִיקָה (נ)
lectura (f) (~ del contador)	kri'a	קְרִיאָה (נ)
fiable (máquina)	amin	אָמִין
complicado (adj)	murkav	מוּרְכָּב
oxidarse (vr)	lehaxlid	לְהַחְלִיד
oxidado (adj)	xalud	חָלוּד
óxido (m)	xaluda	חֲלוּדָה (נ)

El transporte

105. El avión

avión (m)	matos	מָטוֹס (ז)
billete (m) de avión	kartis tisa	כַּרְטִיס טִיסָה (ז)
compañía (f) aérea	xevrat te'ufa	חֶבְרַת תְּעוּפָה (נ)
aeropuerto (m)	nemal te'ufa	נְמַל תְּעוּפָה (ז)
supersónico (adj)	al koli	עַל קוֹלִי
comandante (m)	kabarnit	קַבַּרְנִיט (ז)
tripulación (f)	'tsevet	צֶוֶת (ז)
piloto (m)	tayas	טַיָּס (ז)
azafata (f)	da'yelet	דַּיֶּלֶת (נ)
navegador (m)	navat	נַוָּט (ז)
alas (f pl)	kna'fayim	כְּנָפַיִים (נ״ר)
cola (f)	zanav	זָנָב (ז)
cabina (f)	'kokpit	קוֹקְפִּיט (ז)
motor (m)	ma'no'a	מָנוֹעַ (ז)
tren (m) de aterrizaje	kan nesi'a	כַּן נְסִיעָה (ז)
turbina (f)	tur'bina	טוּרְבִּינָה (נ)
hélice (f)	madxef	מַדְחֵף (ז)
caja (f) negra	kufsa ʃxora	קוּפְסָה שְׁחוֹרָה (נ)
timón (m)	'hege	הֶגֶה (ז)
combustible (m)	'delek	דֶּלֶק (ז)
instructivo (m) de seguridad	hora'ot betixut	הוֹרָאוֹת בְּטִיחוּת (נ״ר)
respirador (m) de oxígeno	masexat xamtsan	מַסֵּכַת חַמְצָן (נ)
uniforme (m)	madim	מַדִּים (ז״ר)
chaleco (m) salvavidas	xagorat hatsala	חֲגוֹרַת הַצָּלָה (נ)
paracaídas (m)	mitsnax	מִצְנָח (ז)
despegue (m)	hamra'a	הַמְרָאָה (נ)
despegar (vi)	lehamri	לְהַמְרִיא
pista (f) de despegue	maslul hamra'a	מַסְלוּל הַמְרָאָה (ז)
visibilidad (f)	re'ut	רְאוּת (נ)
vuelo (m)	tisa	טִיסָה (נ)
altura (f)	'gova	גּוֹבַהּ (ז)
pozo (m) de aire	kis avir	כִּיס אֲוִיר (ז)
asiento (m)	moʃav	מוֹשָׁב (ז)
auriculares (m pl)	ozniyot	אוֹזְנִיּוֹת (נ״ר)
mesita (f) plegable	magaʃ mitkapel	מַגָּשׁ מִתְקַפֵּל (ז)
ventana (f)	tsohar	צוֹהַר (ז)
pasillo (m)	ma'avar	מַעֲבָר (ז)

106. El tren

tren (m)	ra'kevet	רַכֶּבֶת (נ)
tren (m) de cercanías	ra'kevet parvarim	רַכֶּבֶת פַרְבָרִים (נ)
tren (m) rápido	ra'kevet mehira	רַכֶּבֶת מְהִירָה (נ)
locomotora (f) diésel	katar 'dizel	קַטָר דִיזָל (ז)
tren (m) de vapor	katar	קַטָר (ז)
coche (m)	karon	קָרוֹן (ז)
coche (m) restaurante	kron mis'ada	קרוֹן מִסְעָדָה (ז)
rieles (m pl)	mesilot	מְסִילוֹת (נ״ר)
ferrocarril (m)	mesilat barzel	מְסִילַת בַּרְזָל (נ)
traviesa (f)	'eden	אֶדֶן (ז)
plataforma (f)	ratsif	רָצִיף (ז)
vía (f)	mesila	מְסִילָה (נ)
semáforo (m)	ramzor	רַמְזוֹר (ז)
estación (f)	taxana	תַחֲנָה (נ)
maquinista (m)	nahag ra'kevet	נֶהַג רַכֶּבֶת (ז)
maletero (m)	sabal	סַבָּל (ז)
mozo (m) del vagón	sadran ra'kevet	סַדְרָן רַכֶּבֶת (ז)
pasajero (m)	no'se'a	נוֹסֵעַ (ז)
revisor (m)	bodek	בּוֹדֵק (ז)
corredor (m)	prozdor	פְּרוֹזְדוֹר (ז)
freno (m) de urgencia	ma'atsar xirum	מַעֲצָר חִירוּם (ז)
compartimiento (m)	ta	תָא (ז)
litera (f)	dargaʃ	דַרְגָּשׁ (ז)
litera (f) de arriba	dargaʃ elyon	דַרְגָּשׁ עֶלְיוֹן (ז)
litera (f) de abajo	dargaʃ taxton	דַרְגָּשׁ תַחְתוֹן (ז)
ropa (f) de cama	matsa'im	מַצָעִים (ז״ר)
billete (m)	kartis	כַּרְטִיס (ז)
horario (m)	'luax zmanim	לוּחַ זְמַנִים (ז)
pantalla (f) de información	ʃelet meida	שֶׁלֶט מֵידַע (ז)
partir (vi)	latset	לָצֵאת
partida (f) (del tren)	yetsi'a	יְצִיאָה (נ)
llegar (tren)	leha'gi'a	לְהַגִיעַ
llegada (f)	haga'a	הַגָעָה (נ)
llegar en tren	leha'gi'a bera'kevet	לְהַגִיעַ בְּרַכֶּבֶת
tomar el tren	la'alot lera'kevet	לַעֲלוֹת לְרַכֶּבֶת
bajar del tren	la'redet mehara'kevet	לָרֶדֶת מֵהָרַכֶּבֶת
descarrilamiento (m)	hitraskut	הִתְרַסְקוּת (נ)
descarrilarse (vr)	la'redet mipasei ra'kevet	לָרֶדֶת מִפַּסֵי רַכֶּבֶת
tren (m) de vapor	katar	קַטָר (ז)
fogonero (m)	masik	מַסִיק (ז)
hogar (m)	kivʃan	כִּבְשָׁן (ז)
carbón (m)	pexam	פֶּחָם (ז)

107. El barco

barco, buque (m)	sfina	סְפִינָה (נ)
navío (m)	sfina	סְפִינָה (נ)
buque (m) de vapor	oniyat kitor	אוֹנִיַּת קִיטוֹר (נ)
motonave (f)	sfinat nahar	סְפִינַת נָהָר (נ)
trasatlántico (m)	oniyat taʿanugot	אוֹנִיַּת תַּעֲנוּגוֹת (נ)
crucero (m)	saʾyeret	סַיֶּרֶת (נ)
yate (m)	'yaχta	יַכְטָה (נ)
remolcador (m)	goʾreret	גּוֹרֶרֶת (נ)
barcaza (f)	arba	אַרְבָּה (נ)
ferry (m)	maʿaʾboret	מַעֲבּוֹרֶת (נ)
velero (m)	sfinat mifras	סְפִינַת מִפְרָשׂ (נ)
bergantín (m)	briganit	בְּרִיגָּנִית (נ)
rompehielos (m)	ʃoʾveret 'keraχ	שׁוֹבֶרֶת קֶרַח (נ)
submarino (m)	tsoʾlelet	צוֹלֶלֶת (נ)
bote (m) de remo	sira	סִירָה (נ)
bote (m)	sira	סִירָה (נ)
bote (m) salvavidas	sirat hatsala	סִירַת הַצָּלָה (נ)
lancha (f) motora	sirat maʾnoʿa	סִירַת מָנוֹעַ (נ)
capitán (m)	rav χovel	רַב־חוֹבֵל (ז)
marinero (m)	malaχ	מַלָּח (ז)
marino (m)	yamai	יַמַּאי (ז)
tripulación (f)	'tsevet	צֶוֶת (ז)
contramaestre (m)	rav malaχim	רַב־מַלָּחִים (ז)
grumete (m)	'naʿar sipun	נַעַר סִיפּוּן (ז)
cocinero (m) de abordo	tabaχ	טַבָּח (ז)
médico (m) del buque	rofe haʾoniya	רוֹפֵא הָאוֹנִיָּה (ז)
cubierta (f)	sipun	סִיפּוּן (ז)
mástil (m)	'toren	תּוֹרֶן (ז)
vela (f)	mifras	מִפְרָשׂ (ז)
bodega (f)	'beten oniya	בֶּטֶן אוֹנִיָּיה (נ)
proa (f)	χartom	חַרְטוֹם (ז)
popa (f)	yarketei hasfina	יַרְכְּתֵי הַסְּפִינָה (ז״ר)
remo (m)	maʃot	מָשׁוֹט (ז)
hélice (f)	madχef	מַדְחֵף (ז)
camarote (m)	ta	תָּא (ז)
sala (f) de oficiales	moʿadon ktsinim	מוֹעֲדוֹן קְצִינִים (ז)
sala (f) de máquinas	χadar meχonot	חֲדַר מְכוֹנוֹת (ז)
puente (m) de mando	'geʃer hapikud	גֶּשֶׁר הַפִּיקוּד (ז)
sala (f) de radio	ta alχutan	תָּא אַלְחוּטָן (ז)
onda (f)	'teder	תֶּדֶר (ז)
cuaderno (m) de bitácora	yoman haʾoniya	יוֹמַן הָאוֹנִיָּה (ז)
anteojo (m)	miʃ'kefet	מִשְׁקֶפֶת (נ)
campana (f)	paʿamon	פַּעֲמוֹן (ז)

bandera (f)	'degel	דֶּגֶל (ז)
cabo (m) (maroma)	avot ha'oniya	עֲבוֹת הָאוֹנִיָּה (נ)
nudo (m)	'kefer	קֶשֶׁר (ז)
pasamano (m)	ma'ake hasipun	מַעֲקֵה הַסִּיפּוּן (ז)
pasarela (f)	'kevef	כֶּבֶשׁ (ז)
ancla (f)	'ogen	עוֹגֶן (ז)
levar ancla	leharim 'ogen	לְהָרִים עוֹגֶן
echar ancla	la'agon	לַעֲגוֹן
cadena (f) del ancla	far'feret ha'ogen	שַׁרְשֶׁרֶת הָעוֹגֶן (נ)
puerto (m)	namal	נָמֵל (ז)
embarcadero (m)	'mezax	מֶזַח (ז)
amarrar (vt)	la'agon	לַעֲגוֹן
desamarrar (vt)	lehaflig	לְהַפְלִיג
viaje (m)	masa, tiyul	מַסָּע (ז), טִיּוּל (ז)
crucero (m) (viaje)	'fayit	שַׁיִט (ז)
derrota (f) (rumbo)	kivun	כִּיווּן (ז)
itinerario (m)	nativ	נָתִיב (ז)
canal (m) navegable	nativ 'fayit	נְתִיב שַׁיִט (ז)
bajío (m)	sirton	שִׂרְטוֹן (ז)
encallar (vi)	la'alot al hasirton	לַעֲלוֹת עַל הַשִּׂרְטוֹן
tempestad (f)	sufa	סוּפָה (נ)
señal (f)	ot	אוֹת (ז)
hundirse (vr)	lit'bo'a	לִטְבּוֹעַ
¡Hombre al agua!	adam ba'mayim!	אָדָם בַּמַּיִם!
SOS	kri'at hatsala	קְרִיאַת הַצָּלָה
aro (m) salvavidas	galgal hatsala	גַּלְגַּל הַצָּלָה (ז)

108. El aeropuerto

aeropuerto (m)	nemal te'ufa	נְמַל תְּעוּפָה (ז)
avión (m)	matos	מָטוֹס (ז)
compañía (f) aérea	xevrat te'ufa	חֶבְרַת תְּעוּפָה (נ)
controlador (m) aéreo	bakar tisa	בַּקָּר טִיסָה (ז)
despegue (m)	hamra'a	הַמְרָאָה (נ)
llegada (f)	nexita	נְחִיתָה (נ)
llegar (en avión)	leha'gi'a betisa	לְהַגִּיעַ בְּטִיסָה
hora (f) de salida	zman hamra'a	זְמַן הַמְרָאָה (ז)
hora (f) de llegada	zman nexita	זְמַן נְחִיתָה (ז)
retrasarse (vr)	lehit'akev	לְהִתְעַכֵּב
retraso (m) de vuelo	ikuv hatisa	עִיכּוּב הַטִּיסָה (ז)
pantalla (f) de información	'luax meida	לוּחַ מֵידָע (ז)
información (f)	meida	מֵידָע (ז)
anunciar (vt)	leho'dia	לְהוֹדִיעַ
vuelo (m)	tisa	טִיסָה (נ)

aduana (f)	'meχes	מֶכֶס (ז)
aduanero (m)	pakid 'meχes	פְּקִיד מֶכֶס (ז)
declaración (f) de aduana	hatsharat meχes	הַצהָרַת מֶכֶס (נ)
rellenar (vt)	lemale	לְמַלֵא
rellenar la declaración	lemale 'tofes hatshara	לְמַלֵא טוֹפֶס הַצהָרָה
control (m) de pasaportes	bdikat darkonim	בּדִיקַת דַרכּוֹנִים (נ)
equipaje (m)	kvuda	כּבוּדָה (נ)
equipaje (m) de mano	kvudat yad	כּבוּדַת יָד (נ)
carrito (m) de equipaje	eglat kvuda	עֶגלַת כּבוּדָה (נ)
aterrizaje (m)	neχita	נְחִיתָה (נ)
pista (f) de aterrizaje	maslul neχita	מַסלוּל נְחִיתָה (ז)
aterrizar (vi)	linχot	לִנחוֹת
escaleras (f pl) (de avión)	'keveʃ	כֶּבֶשׂ (ז)
facturación (f) (check-in)	tʃek in	צֶ'ק אִין (ז)
mostrador (m) de facturación	dalpak tʃek in	דַלפַּק צֶ'ק אִין (ז)
hacer el check-in	leva'tse'a tʃek in	לְבַצֵעַ צֶ'ק אִין
tarjeta (f) de embarque	kartis aliya lematos	כַּרטִיס עֲלִיָה לְמָטוֹס (ז)
puerta (f) de embarque	'ʃa'ar yetsi'a	שַעַר יְצִיאָה (ז)
tránsito (m)	ma'avar	מַעֲבָר (ז)
esperar (aguardar)	lehamtin	לְהַמתִין
zona (f) de preembarque	traklin tisa	טרַקלִין טִיסָה (ז)
despedir (vt)	lelavot	לְלַווֹת
despedirse (vr)	lomar lehitra'ot	לוֹמַר לְהִתרָאוֹת

Acontecimentos de la vida

109. Los días festivos. Los eventos

fiesta (f)	xagiga	חֲגִיגָה (נ)
fiesta (f) nacional	xag le'umi	חַג לְאוּמִי (ז)
día (m) de fiesta	yom xag	יוֹם חַג (ז)
celebrar (vt)	laxgog	לַחְגוֹג
evento (m)	hitraxaʃut	הִתְרַחֲשׁוּת (נ)
medida (f)	ei'ru'a	אֵירוּעַ (ז)
banquete (m)	se'uda xagigit	סְעוּדָה חֲגִיגִית (נ)
recepción (f)	ei'ruax	אֵירוּחַ (ז)
festín (m)	miʃte	מִשְׁתֶּה (ז)
aniversario (m)	yom haʃana	יוֹם הַשָׁנָה (ז)
jubileo (m)	xag hayovel	חַג הַיּוֹבֵל (ז)
Año (m) Nuevo	ʃana xadaʃa	שָׁנָה חֲדָשָׁה (נ)
¡Feliz Año Nuevo!	ʃana tova!	שָׁנָה טוֹבָה!
Papá Noel (m)	'santa 'kla'us	סַנְטָה קְלָאוּס
Navidad (f)	xag hamolad	חַג הַמוֹלָד (ז)
¡Feliz Navidad!	xag hamolad sa'meax!	חַג הַמוֹלָד שָׂמֵחַ!
árbol (m) de Navidad	ets xag hamolad	עֵץ חַג הַמוֹלָד (ז)
fuegos (m pl) artificiales	zikukim	זִיקוּקִים (ז"ר)
boda (f)	xatuna	חֲתוּנָה (נ)
novio (m)	xatan	חָתָן (ז)
novia (f)	kala	כַּלָה (נ)
invitar (vt)	lehazmin	לְהַזְמִין
tarjeta (f) de invitación	hazmana	הַזְמָנָה (נ)
invitado (m)	o'reax	אוֹרֵחַ (ז)
visitar (vt) (a los amigos)	levaker	לְבַקֵר
recibir a los invitados	lekabel orxim	לְקַבֵּל אוֹרְחִים
regalo (m)	matana	מַתָּנָה (נ)
regalar (vt)	latet matana	לָתֵת מַתָּנָה
recibir regalos	lekabel matanot	לְקַבֵּל מַתָּנוֹת
ramo (m) de flores	zer	זֵר (ז)
felicitación (f)	braxa	בְּרָכָה (נ)
felicitar (vt)	levarex	לְבָרֵךְ
tarjeta (f) de felicitación	kartis braxa	כַּרְטִיס בְּרָכָה (ז)
enviar una tarjeta	liʃ'loax gluya	לִשְׁלוֹחַ גְלוּיָה
recibir una tarjeta	lekabel gluya	לְקַבֵּל גְלוּיָה
brindis (m)	leharim kosit	לְהָרִים כּוֹסִית

ofrecer (~ una copa)	leχabed	לְכַבֵּד
champaña (f)	ʃam'panya	שַׁמְפַּנְיָה (נ)
divertirse (vr)	lehanot	לֵיהָנוֹת
diversión (f)	alitsut	עֲלִיצוּת (נ)
alegría (f) (emoción)	simχa	שִׂמְחָה (נ)
baile (m)	rikud	רִיקוּד (ז)
bailar (vi, vt)	lirkod	לִרְקוֹד
vals (m)	vals	וַלְס (ז)
tango (m)	'tango	טַנְגּוֹ (ז)

110. Los funerales. El entierro

cementerio (m)	beit kvarot	בֵּית קְבָרוֹת (ז)
tumba (f)	'kever	קֶבֶר (ז)
cruz (f)	tslav	צְלָב (ז)
lápida (f)	matseva	מַצֵּבָה (נ)
verja (f)	gader	גָּדֵר (נ)
capilla (f)	beit tfila	בֵּית תְּפִילָה (ז)
muerte (f)	'mavet	מָוֶת (ז)
morir (vi)	lamut	לָמוּת
difunto (m)	niftar	נִפְטָר (ז)
luto (m)	'evel	אֵבֶל (ז)
enterrar (vt)	likbor	לִקְבּוֹר
funeraria (f)	beit levayot	בֵּית לְוָיוֹת (ז)
entierro (m)	levaya	לְוָיָה (נ)
corona (f) funeraria	zer	זֵר (ז)
ataúd (m)	aron metim	אָרוֹן מֵתִים (ז)
coche (m) fúnebre	kron hamet	קְרוֹן הַמֵּת (ז)
mortaja (f)	taχriχim	תַּכְרִיכִים (ז״ר)
cortejo (m) fúnebre	tahaluχat 'evel	תַּהֲלוּכַת אֵבֶל (נ)
urna (f) funeraria	kad 'efer	כַּד אֵפֶר (ז)
crematorio (m)	misrafa	מִשְׂרָפָה (נ)
necrología (f)	moda'at 'evel	מוֹדָעַת אֵבֶל (נ)
llorar (vi)	livkot	לִבְכּוֹת
sollozar (vi)	lehitya'peaχ	לְהִתְיַיפַּח

111. La guerra. Los soldados

sección (f)	maχlaka	מַחְלָקָה (נ)
compañía (f)	pluga	פְּלוּגָה (נ)
regimiento (m)	χativa	חֲטִיבָה (נ)
ejército (m)	tsava	צָבָא (ז)
división (f)	ugda	אוּגְדָּה (נ)
destacamento (m)	kita	כִּיתָה (נ)

hueste (f)	'xayil	חַיִל (ז)
soldado (m)	xayal	חַיָּל (ז)
oficial (m)	katsin	קָצִין (ז)
soldado (m) raso	turai	טוּרַאי (ז)
sargento (m)	samal	סַמָּל (ז)
teniente (m)	'segen	סֶגֶן (ז)
capitán (m)	'seren	סֶרֶן (ז)
mayor (m)	rav 'seren	רַב־סֶרֶן (ז)
coronel (m)	aluf miʃne	אַלוּף מִשְׁנֶה (ז)
general (m)	aluf	אַלוּף (ז)
marino (m)	yamai	יַמַּאי (ז)
capitán (m)	rav xovel	רַב־חוֹבֵל (ז)
contramaestre (m)	rav malaxim	רַב־מַלָּחִים (ז)
artillero (m)	totxan	תּוֹתחָן (ז)
paracaidista (m)	tsanxan	צַנחָן (ז)
piloto (m)	tayas	טַיָּס (ז)
navegador (m)	navat	נַוָּט (ז)
mecánico (m)	mexonai	מְכוֹנַאי (ז)
zapador (m)	xablan	חַבּלָן (ז)
paracaidista (m)	tsanxan	צַנחָן (ז)
explorador (m)	iʃ modi'in kravi	אִישׁ מוֹדִיעִין קְרָבִי (ז)
francotirador (m)	tsalaf	צַלָּף (ז)
patrulla (f)	siyur	סִיּוּר (ז)
patrullar (vi, vt)	lefatrel	לְפַטרֵל
centinela (m)	zakif	זָקִיף (ז)
guerrero (m)	loxem	לוֹחֵם (ז)
patriota (m)	patriyot	פַּטרִיּוֹט (ז)
héroe (m)	gibor	גִּיבּוֹר (ז)
heroína (f)	gibora	גִּיבּוֹרָה (נ)
traidor (m)	boged	בּוֹגֵד (ז)
traicionar (vt)	livgod	לִבגּוֹד
desertor (m)	arik	עָרִיק (ז)
desertar (vi)	la'arok	לַעֲרוֹק
mercenario (m)	sxir 'xerev	שׂכִיר חֶרֶב (ז)
recluta (m)	tiron	טִירוֹן (ז)
voluntario (m)	mitnadev	מִתנַדֵּב (ז)
muerto (m)	harug	הָרוּג (ז)
herido (m)	pa'tsu'a	פָּצוּעַ (ז)
prisionero (m)	ʃavui	שָׁבוּי (ז)

112. La guerra. El ámbito militar. Unidad 1

guerra (f)	milxama	מִלחָמָה (נ)
estar en guerra	lehilaxem	לְהִילָחֵם
guerra (f) civil	mil'xemet ezraxim	מִלחֶמֶת אֶזרָחִים (נ)

pérfidamente (adv)	bogdani	בּוֹגְדָנִי
declaración (f) de guerra	haxrazat milxama	הַכְרָזַת מִלְחָמָה (נ)
declarar (~ la guerra)	lehaxriz	לְהַכְרִיז
agresión (f)	tokfanut	תּוֹקְפָנוּת (נ)
atacar (~ a un país)	litkof	לִתְקוֹף
invadir (vt)	lixboʃ	לִכְבּוֹשׁ
invasor (m)	koveʃ	כּוֹבֵשׁ (ז)
conquistador (m)	koveʃ	כּוֹבֵשׁ (ז)
defensa (f)	hagana	הֲגָנָה (נ)
defender (vt)	lehagen al	לְהָגֵן עַל
defenderse (vr)	lehitgonen	לְהִתְגּוֹנֵן
enemigo (m)	oyev	אוֹיֵב (ז)
adversario (m)	yariv	יָרִיב (ז)
enemigo (adj)	ʃel oyev	שֶׁל אוֹיֵב
estrategia (f)	astra'tegya	אַסְטְרָטֶגְיָה (נ)
táctica (f)	'taktika	טַקְטִיקָה (נ)
orden (f)	pkuda	פְּקוּדָה (נ)
comando (m)	pkuda	פְּקוּדָה (נ)
ordenar (vt)	lifkod	לִפְקוֹד
misión (f)	mesima	מְשִׂימָה (נ)
secreto (adj)	sodi	סוֹדִי
batalla (f)	ma'araxa	מַעֲרָכָה (נ)
combate (m)	krav	קְרָב (ז)
ataque (m)	hatkafa	הַתְקָפָה (נ)
asalto (m)	hista'arut	הִסְתַּעֲרוּת (נ)
tomar por asalto	lehista'er	לְהִסְתַּעֵר
asedio (m), sitio (m)	matsor	מָצוֹר (ז)
ofensiva (f)	mitkafa	מִתְקָפָה (נ)
tomar la ofensiva	latset lemitkafa	לָצֵאת לְמִתְקָפָה
retirada (f)	nesiga	נְסִיגָה (נ)
retirarse (vr)	la'seget	לָסֶגֶת
envolvimiento (m)	kitur	כִּיתּוּר (ז)
cercar (vt)	lexater	לְכַתֵּר
bombardeo (m)	haftsatsa	הַפְצָצָה (נ)
lanzar una bomba	lehatil ptsatsa	לְהָטִיל פְּצָצָה
bombear (vt)	lehaftsits	לְהַפְצִיץ
explosión (f)	pitsuts	פִּיצוּץ (ז)
tiro (m), disparo (m)	yeriya	יְרִיָה (נ)
disparar (vi)	lirot	לִירוֹת
tiro (m) (de artillería)	'yeri	יְרִי (ז)
apuntar a …	lexaven 'neʃek	לְכַוֵון נֶשֶׁק
encarar (apuntar)	lexaven	לְכַוֵון
alcanzar (el objetivo)	lik'lo'a	לִקְלוֹעַ

hundir (vt)	lehat'bi'a	לְהַטְבִּיעַ
brecha (f) (~ en el casco)	pirtsa	פִּרְצָה (נ)
hundirse (vr)	lit'bo'a	לִטְבּוֹעַ

frente (m)	χazit	חָזִית (נ)
evacuación (f)	pinui	פִּינוּי (ז)
evacuar (vt)	lefanot	לְפַנוֹת

trinchera (f)	te'ala	תְּעָלָה (נ)
alambre (m) de púas	'tayil dokrani	תַּיִל דּוֹקְרָנִי (ז)
barrera (f) (~ antitanque)	maχsom	מַחְסוֹם (ז)
torre (f) de vigilancia	migdal ʃmira	מִגְדַּל שְׁמִירָה (ז)

hospital (m)	beit χolim tsva'i	בֵּית חוֹלִים צְבָאִי (ז)
herir (vt)	lif'tso'a	לִפְצוֹעַ
herida (f)	'petsa	פֶּצַע (ז)
herido (m)	pa'tsu'a	פָּצוּעַ (ז)
recibir una herida	lehipatsa	לְהִיפָּצַע
grave (herida)	kaʃe	קָשֶׁה

113. La guerra. El ámbito militar. Unidad 2

cautiverio (m)	'ʃevi	שְׁבִי (ז)
capturar (vt)	la'kaχat be'ʃevi	לָקַחַת בַּשְׁבִי
estar en cautiverio	lihyot be'ʃevi	לִהְיוֹת בַּשְׁבִי
caer prisionero	lipol be'ʃevi	לִיפּוֹל בַּשְׁבִי

campo (m) de concentración	maχane rikuz	מַחֲנֵה רִיכּוּז (ז)
prisionero (m)	ʃavui	שָׁבוּי (ז)
escapar (de cautiverio)	liv'roaχ	לִבְרוֹחַ

traicionar (vt)	livgod	לִבְגּוֹד
traidor (m)	boged	בּוֹגֵד (ז)
traición (f)	bgida	בְּגִידָה (נ)

fusilar (vt)	lehotsi la'horeg	לְהוֹצִיא לַהוֹרֵג
fusilamiento (m)	hotsa'a le'horeg	הוֹצָאָה לַהוֹרֵג (נ)

equipo (m) (uniforme, etc.)	tsiyud	צִיּוּד (ז)
hombrera (f)	ko'tefet	כּוֹתֶפֶת (נ)
máscara (f) antigás	maseχat 'abaχ	מַסֵּיכַת אַבָּ"ךְ (נ)

radio transmisor (m)	maχʃir 'keʃer	מַכְשִׁיר קֶשֶׁר (ז)
cifra (f) (código)	'tsofen	צוֹפֶן (ז)
conspiración (f)	χaʃa'iut	חֲשָׁאִיּוּת (נ)
contraseña (f)	sisma	סִיסְמָה (נ)

mina (f) terrestre	mokeʃ	מוֹקֵשׁ (ז)
minar (poner minas)	lemakeʃ	לְמַקֵּשׁ
campo (m) minado	sde mokʃim	שְׂדֵה מוֹקְשִׁים (ז)

alarma (f) aérea	az'aka	אַזְעָקָה (נ)
alarma (f)	az'aka	אַזְעָקָה (נ)
señal (f)	ot	אוֹת (ז)

cohete (m) de señales	zikuk az'aka	זִיקוּק אַזְעָקָה (ז)
estado (m) mayor	mifkada	מִפְקָדָה (נ)
reconocimiento (m)	isuf modi'in	אִיסוּף מוֹדִיעִין (ז)
situación (f)	matsav	מַצָּב (ז)
informe (m)	doχ	דוֹ"ח (ז)
emboscada (f)	ma'arav	מַאֲרָב (ז)
refuerzo (m)	tig'boret	תִגְבּוֹרֶת (נ)
blanco (m)	matara	מַטָרָה (נ)
terreno (m) de prueba	sde imunim	שְׂדֵה אִימוּנִים (ז)
maniobras (f pl)	timronim	תִמְרוֹנִים (ז"ר)
pánico (m)	behala	בֶּהָלָה (נ)
devastación (f)	'heres	הֶרֶס (ז)
destrucciones (f pl)	harisot	הֲרִיסוֹת (נ"ר)
destruir (vt)	laharos	לַהֲרוֹס
sobrevivir (vi, vt)	lisrod	לִשְׂרוֹד
desarmar (vt)	lifrok mi'neʃek	לִפְרוֹק מֶנֶשֶׁק
manejar (un arma)	lehiʃtameʃ be...	לְהִשְׁתַמֵשׁ בְּ...
¡Firmes!	amod dom!	עֲמוֹד דוֹם!
¡Descanso!	amod 'noaχ!	עֲמוֹד נוֹחַ!
hazaña (f)	ma'ase gvura	מַעֲשֵׂה גְבוּרָה (ז)
juramento (m)	ʃvu'a	שְׁבוּעָה (נ)
jurar (vt)	lehiʃava	לְהִישָׁבַע
condecoración (f)	itur	עִיטוּר (ז)
condecorar (vt)	leha'anik	לְהַעֲנִיק
medalla (f)	me'dalya	מֶדַלְיָה (נ)
orden (m) (~ de Merito)	ot hitstainut	אוֹת הִצְטַיְינוּת (ז)
victoria (f)	nitsaχon	נִיצָחוֹן (ז)
derrota (f)	tvusa	תְבוּסָה (נ)
armisticio (m)	hafsakat eʃ	הַפְסָקַת אֵשׁ (נ)
bandera (f)	'degel	דֶגֶל (ז)
gloria (f)	tehila	תְהִילָה (נ)
desfile (m) militar	mits'ad	מִצְעָד (ז)
marchar (desfilar)	lits'od	לִצְעוֹד

114. Las armas

arma (f)	'neʃek	נֶשֶׁק (ז)
arma (f) de fuego	'neʃek χam	נֶשֶׁק חַם (ז)
arma (f) blanca	'neʃek kar	נֶשֶׁק קַר (ז)
arma (f) química	'neʃek 'χimi	נֶשֶׁק כִימִי (ז)
nuclear (adj)	gar'ini	גַרְעִינִי
arma (f) nuclear	'neʃek gar'ini	נֶשֶׁק גַרְעִינִי (ז)
bomba (f)	ptsatsa	פְּצָצָה (נ)
bomba (f) atómica	ptsatsa a'tomit	פְּצָצָה אָטוֹמִית (נ)

pistola (f)	ekdax	אֶקְדָּח (ז)
fusil (m)	rove	רוֹבֶה (ז)
metralleta (f)	tat mak'le'a	תַּת־מַקְלֵעַ (ז)
ametralladora (f)	mak'le'a	מַקְלֵעַ (ז)
boca (f)	kane	קָנֶה (ז)
cañón (m) (del arma)	kane	קָנֶה (ז)
calibre (m)	ka'liber	קָלִיבֶּר (ז)
gatillo (m)	'hedek	הֶדֶק (ז)
alza (f)	ka'venet	כַּוֶּנֶת (נ)
cargador (m)	maxsanit	מַחְסָנִית (נ)
culata (f)	kat	קַת (נ)
granada (f) de mano	rimon	רִימוֹן (ז)
explosivo (m)	'xomer 'nefets	חוֹמֶר נֶפֶץ (ז)
bala (f)	ka'li'a	קָלִיעַ (ז)
cartucho (m)	kadur	כַּדּוּר (ז)
carga (f)	te'ina	טְעִינָה (נ)
pertrechos (m pl)	tax'moſet	תַּחְמוֹשֶׁת (נ)
bombardero (m)	maftsits	מַפְצִיץ (ז)
avión (m) de caza	metos krav	מְטוֹס קְרָב (ז)
helicóptero (m)	masok	מַסּוֹק (ז)
antiaéreo (m)	totax 'neged metosim	תּוֹתָח נֶגֶד מְטוֹסִים (ז)
tanque (m)	tank	טַנְק (ז)
cañón (m) (de un tanque)	totax	תּוֹתָח (ז)
artillería (f)	arti'lerya	אַרְטִילֶרְיָה (נ)
cañón (m) (arma)	totax	תּוֹתָח (ז)
dirigir (un misil, etc.)	lexaven	לְכַוֵּון
mortero (m)	margema	מַרְגֵּמָה (נ)
bomba (f) de mortero	ptsatsat margema	פְּצָצַת מַרְגֵּמָה (נ)
obús (m)	pagaz	פָּגָז (ז)
trozo (m) de obús	resis	רְסִיס (ז)
submarino (m)	tso'lelet	צוֹלֶלֶת (נ)
torpedo (m)	tor'pedo	טוֹרְפֶּדוֹ (ז)
misil (m)	til	טִיל (ז)
cargar (pistola)	lit'on	לִטְעוֹן
tirar (vi)	lirot	לִירוֹת
apuntar a …	lexaven	לְכַוֵּון
bayoneta (f)	kidon	כִּידוֹן (ז)
espada (f) (duelo a ~)	'xerev	חֶרֶב (נ)
sable (m)	'xerev paraſim	חֶרֶב פָּרָשִׁים (ז)
lanza (f)	xanit	חֲנִית (נ)
arco (m)	'keſet	קֶשֶׁת (נ)
flecha (f)	xets	חֵץ (ז)
mosquete (m)	musket	מוּסְקֶט (ז)
ballesta (f)	'keſet metsu'levet	קֶשֶׁת מְצוּלֶבֶת (נ)

115. Los pueblos antiguos

Español	Transliteración	Hebreo
primitivo (adj)	kadmon	קַדְמוֹן
prehistórico (adj)	prehis'tori	פְּרֶהִיסְטוֹרִי
antiguo (adj)	atik	עַתִיק
Edad (f) de Piedra	idan ha''even	עִידָן הָאֶבֶן (ז)
Edad (f) de Bronce	idan ha'arad	עִידָן הָאָרָד (ז)
Edad (f) de Hielo	idan ha'keraχ	עִידָן הַקֶּרַח (ז)
tribu (f)	'ʃevet	שֵׁבֶט (ז)
caníbal (m)	oχel adam	אוֹכֵל אָדָם (ז)
cazador (m)	tsayad	צַיָּד (ז)
cazar (vi, vt)	latsud	לָצוּד
mamut (m)	ma'muta	מָמוּטָה (נ)
caverna (f)	me'ara	מְעָרָה (נ)
fuego (m)	eʃ	אֵשׁ (נ)
hoguera (f)	medura	מְדוּרָה (נ)
pintura (f) rupestre	pet'roglif	פֶּטְרוֹגְלִיף (ז)
herramienta (f), útil (m)	kli	כְּלִי (ז)
lanza (f)	χanit	חֲנִית (נ)
hacha (f) de piedra	garzen ha'even	גַּרְזֶן הָאֶבֶן (ז)
estar en guerra	lehilaχem	לְהִילָחֵם
domesticar (vt)	levayet	לְבַיֵּת
ídolo (m)	'pesel	פֶּסֶל (ז)
adorar (vt)	la'avod et	לַעֲבוֹד אֶת
superstición (f)	emuna tfela	אֱמוּנָה תְּפֵלָה (נ)
rito (m)	'tekes	טֶקֶס (ז)
evolución (f)	evo'lutsya	אֵבוֹלוּצְיָה (נ)
desarrollo (m)	hitpatχut	הִתְפַּתְּחוּת (נ)
desaparición (f)	he'almut	הֵיעָלְמוּת (נ)
adaptarse (vr)	lehistagel	לְהִסְתַּגֵּל
arqueología (f)	arχe'o'logya	אַרְכֵיאוֹלוֹגְיָה (נ)
arqueólogo (m)	arχe'olog	אַרְכֵיאוֹלוֹג (ז)
arqueológico (adj)	arχe'o'logi	אַרְכֵיאוֹלוֹגִי
sitio (m) de excavación	atar χafirot	אֲתַר חֲפִירוֹת (ז)
excavaciones (f pl)	χafirot	חֲפִירוֹת (נ"ר)
hallazgo (m)	mimtsa	מִמְצָא (ז)
fragmento (m)	resis	רְסִיס (ז)

116. La Edad Media

Español	Transliteración	Hebreo
pueblo (m)	am	עַם (ז)
pueblos (m pl)	amim	עַמִּים (ז"ר)
tribu (f)	'ʃevet	שֵׁבֶט (ז)
tribus (f pl)	ʃvatim	שְׁבָטִים (ז"ר)
bárbaros (m pl)	bar'barim	בַּרְבָּרִים (ז"ר)

galos (m pl)	'galim	גָּאלִים (ז״ר)
godos (m pl)	'gotim	גּוֹתִים (ז״ר)
eslavos (m pl)	'slavim	סלָאבִים (ז״ר)
vikingos (m pl)	'vikingim	וִיקִינגִים (ז״ר)
romanos (m pl)	roma'im	רוֹמָאִים (ז״ר)
romano (adj)	'romi	רוֹמִי
bizantinos (m pl)	bi'zantim	בִּיזַנטִים (ז״ר)
Bizancio (m)	bizantion, bizants	בִּיזַנטִיוֹן, בִּיזַנץ (נ)
bizantino (adj)	bi'zanti	בִּיזַנטִי
emperador (m)	keisar	קֵיסָר (ז)
jefe (m)	manhig	מַנהִיג (ז)
poderoso (adj)	rav 'koax	רַב־כּוֹחַ
rey (m)	'melex	מֶלֶךְ (ז)
gobernador (m)	ʃalit	שַׁלִּיט (ז)
caballero (m)	abir	אַבִּיר (ז)
señor (m) feudal	fe'odal	פֵיאוֹדָל (ז)
feudal (adj)	fe'o'dali	פֵיאוֹדָלִי
vasallo (m)	vasal	וָסָל (ז)
duque (m)	dukas	דּוּכָּס (ז)
conde (m)	rozen	רוֹזֵן (ז)
barón (m)	baron	בָּרוֹן (ז)
obispo (m)	'biʃof	בִּישׁוֹף (ז)
armadura (f)	ʃiryon	שִׁריוֹן (ז)
escudo (m)	magen	מָגֵן (ז)
espada (f) (danza de ~s)	'xerev	חָרֶב (נ)
visera (f)	magen panim	מָגֵן פָּנִים (ז)
cota (f) de malla	ʃiryon kaskasim	שִׁריוֹן קַשׂקַשִּׂים (ז)
cruzada (f)	masa tslav	מַסַע צלָב (ז)
cruzado (m)	tsalban	צַלבָּן (ז)
territorio (m)	'ʃetax	שֶׁטַח (ז)
atacar (~ a un país)	litkof	לִתקוֹף
conquistar (vt)	lixboʃ	לִכבּוֹשׁ
ocupar (invadir)	lehiʃtalet	לְהִשׁתַּלֵט
asedio (m), sitio (m)	matsor	מָצוֹר (ז)
sitiado (adj)	natsur	נָצוּר
asediar, sitiar (vt)	latsur	לָצוּר
inquisición (f)	inkvi'zitsya	אִינקוִויזִיציָה (נ)
inquisidor (m)	inkvi'zitor	אִינקוִויזִיטוֹר (ז)
tortura (f)	inui	עִינוּי (ז)
cruel (adj)	axzari	אַכזָרִי
hereje (m)	kofer	כּוֹפֵר (ז)
herejía (f)	kfira	כּפִירָה (נ)
navegación (f) marítima	haflaga bayam	הַפלָגָה בַּיָם (נ)
pirata (m)	ʃoded yam	שׁוֹדֵד יָם (ז)
piratería (f)	pi'ratiyut	פִּירָטִיוּת (נ)

abordaje (m)	la'alot al	לַעֲלוֹת עַל
botín (m)	ʃalal	שָׁלָל (ז)
tesoros (m pl)	otsarot	אוֹצָרוֹת (ז״ר)
descubrimiento (m)	taglit	תַגלִית (נ)
descubrir (tierras nuevas)	legalot	לְגַלוֹת
expedición (f)	miʃlaχat	מִשׁלַחַת (נ)
mosquetero (m)	musketer	מוּסקֶטֶר (ז)
cardenal (m)	χaʃman	חַשׁמָן (ז)
heráldica (f)	he'raldika	הֶרַלדִיקָה (נ)
heráldico (adj)	he'raldi	הֶרַלדִי

117. El líder. El jefe. Las autoridades

rey (m)	'meleχ	מֶלֶך (ז)
reina (f)	malka	מַלכָּה (נ)
real (adj)	malχuti	מַלכוּתִי
reino (m)	mamlaχa	מַמלָכָה (נ)
príncipe (m)	nasiχ	נָסִיך (ז)
princesa (f)	nesiχa	נְסִיכָה (נ)
presidente (m)	nasi	נָשִׂיא (ז)
vicepresidente (m)	sgan nasi	סגַן נָשִׂיא (ז)
senador (m)	se'nator	סֶנָאטוֹר (ז)
monarca (m)	'meleχ	מֶלֶך (ז)
gobernador (m)	ʃalit	שַׁלִיט (ז)
dictador (m)	rodan	רוֹדָן (ז)
tirano (m)	aruts	עָרוּץ (ז)
magnate (m)	eil hon	אֵיל הוֹן (ז)
director (m)	menahel	מְנַהֵל (ז)
jefe (m)	menahel, roʃ	מְנַהֵל (ז), רֹאש (ז)
gerente (m)	menahel	מְנַהֵל (ז)
amo (m)	bos	בּוֹס (ז)
dueño (m)	'ba'al	בַּעַל (ז)
jefe (m), líder (m)	manhig	מַנהִיג (ז)
jefe (m) (~ de delegación)	roʃ	רֹאש (ז)
autoridades (f pl)	ʃiltonot	שִׁלטוֹנוֹת (ז״ר)
superiores (m pl)	memunim	מְמוּנִים (ז״ר)
gobernador (m)	moʃel	מוֹשֵׁל (ז)
cónsul (m)	'konsul	קוֹנסוּל (ז)
diplomático (m)	diplomat	דִיפלוֹמָט (ז)
alcalde (m)	roʃ ha'ir	רֹאש הָעִיר (ז)
sheriff (m)	ʃerif	שֶׁרִיף (ז)
emperador (m)	keisar	קֵיסָר (ז)
zar (m)	tsar	צָאר (ז)
faraón (m)	par'o	פַּרעֹה (ז)
jan (m), kan (m)	χan	חָאן (ז)

118. Violar la ley. Los criminales. Unidad 1

bandido (m)	ʃoded	שׁוֹדֵד (ז)
crimen (m)	'peʃa	פֶּשַׁע (ז)
criminal (m)	po'ʃe'a	פּוֹשֵׁעַ (ז)
ladrón (m)	ganav	גַּנָּב (ז)
robar (vt)	lignov	לִגְנוֹב
robo (m)	gneva	גְּנֵיבָה (נ)
secuestrar (vt)	laxatof	לַחֲטוֹף
secuestro (m)	xatifa	חֲטִיפָה (נ)
secuestrador (m)	xotef	חוֹטֵף (ז)
rescate (m)	'kofer	כּוֹפֶר (ז)
exigir un rescate	lidroʃ 'kofer	לִדְרוֹשׁ כּוֹפֶר
robar (vt)	liʃdod	לִשְׁדּוֹד
robo (m)	ʃod	שׁוֹד (ז)
atracador (m)	ʃoded	שׁוֹדֵד (ז)
extorsionar (vt)	lisxot	לִסְחוֹט
extorsionista (m)	saxtan	סַחְטָן (ז)
extorsión (f)	saxtanut	סַחְטָנוּת (נ)
matar, asesinar (vt)	lirʦoax	לִרְצוֹחַ
asesinato (m)	'retsax	רֶצַח (ז)
asesino (m)	roʦeax	רוֹצֵחַ (ז)
tiro (m), disparo (m)	yeriya	יְרִיָּה (נ)
disparar (vi)	lirot	לִירוֹת
matar (a tiros)	lirot la'mavet	לִירוֹת לַמָּוֶת
tirar (vi)	lirot	לִירוֹת
tiroteo (m)	'yeri	יֶרִי (ז)
incidente (m)	takrit	תַּקְרִית (נ)
pelea (f)	ktata	קְטָטָה (נ)
¡Socorro!	ha'ʦilu!	הַצִּילוּ!
víctima (f)	nifga	נִפְגָּע (ז)
perjudicar (vt)	lekalkel	לְקַלְקֵל
daño (m)	'nezek	נֶזֶק (ז)
cadáver (m)	gufa	גּוּפָה (נ)
grave (un delito ~)	xamur	חָמוּר
atacar (vt)	litkof	לִתְקוֹף
pegar (golpear)	lehakot	לְהַכּוֹת
apporear (vt)	lehakot	לְהַכּוֹת
quitar (robar)	la'kaxat be'koax	לָקַחַת בְּכוֹחַ
acuchillar (vt)	lidkor le'mavet	לִדְקוֹר לְמָוֶת
mutilar (vt)	lehatil mum	לְהָטִיל מוּם
herir (vt)	lifʦo'a	לִפְצוֹעַ
chantaje (m)	saxtanut	סַחְטָנוּת (נ)
hacer chantaje	lisxot	לִסְחוֹט

chantajista (m)	saxtan	סַחְטָן (ז)
extorsión (f)	dmei xasut	דְּמֵי חָסוּת (ז"ר)
extorsionador (m)	gove xasut	גּוֹבֶה חָסוּת (ז)
gángster (m)	'gangster	גֶּנְגְּסְטֶר (ז)
mafia (f)	'mafya	מָאפְיָה (נ)
carterista (m)	kayas	כַּיָּס (ז)
ladrón (m) de viviendas	porets	פּוֹרֵץ (ז)
contrabandismo (m)	havraxa	הַבְרָחָה (נ)
contrabandista (m)	mav'riax	מַבְרִיחַ (ז)
falsificación (f)	ziyuf	זִיּוּף (ז)
falsificar (vt)	lezayef	לְזַיֵּף
falso (falsificado)	mezuyaf	מְזוּיָּף

119. Violar la ley. Los criminales. Unidad 2

violación (f)	'ones	אוֹנֶס (ז)
violar (vt)	le'enos	לֶאֱנוֹס
violador (m)	anas	אַנָּס (ז)
maniaco (m)	'manyak	מַנְיָאק (ז)
prostituta (f)	zona	זוֹנָה (נ)
prostitución (f)	znut	זְנוּת (נ)
chulo (m), proxeneta (m)	sarsur	סַרְסוּר (ז)
drogadicto (m)	narkoman	נַרְקוֹמָן (ז)
narcotraficante (m)	soxer samim	סוֹחֵר סַמִּים (ז)
hacer explotar	lefotsets	לְפוֹצֵץ
explosión (f)	pitsuts	פִּיצוּץ (ז)
incendiar (vt)	lehatsit	לְהַצִּית
incendiario (m)	matsit	מַצִּית (ז)
terrorismo (m)	terorizm	טֶרוֹרִיזְם (ז)
terrorista (m)	mexabel	מְחַבֵּל (ז)
rehén (m)	ben aruba	בֶּן עֲרוּבָּה (ז)
estafar (vt)	lehonot	לְהוֹנוֹת
estafa (f)	hona'a	הוֹנָאָה (נ)
estafador (m)	ramai	רַמַּאי (ז)
sobornar (vt)	lefaxed	לְשַׁחֵד
soborno (m) (delito)	'foxad	שׁוֹחַד (ז)
soborno (m) (dinero, etc.)	'foxad	שׁוֹחַד (ז)
veneno (m)	'ra'al	רַעַל (ז)
envenenar (vt)	lehar'il	לְהַרְעִיל
envenenarse (vr)	lehar'il et atsmo	לְהַרְעִיל אֶת עַצְמוֹ
suicidio (m)	hit'abdut	הִתְאַבְּדוּת (נ)
suicida (m, f)	mit'abed	מִתְאַבֵּד (ז)
amenazar (vt)	le'ayem	לְאַיֵּים
amenaza (f)	iyum	אִיּוּם (ז)

atentar (vi)	lehitnakeʃ	לְהִתְנַקֵּשׁ
atentado (m)	nisayon hitnakʃut	נִיסָיוֹן הִתְנַקְּשׁוּת (ז)
robar (un coche)	lignov	לִגְנוֹב
secuestrar (un avión)	laχatof matos	לַחֲטוֹף מָטוֹס
venganza (f)	nekama	נְקָמָה (נ)
vengar (vt)	linkom	לִנְקוֹם
torturar (vt)	la'anot	לְעַנּוֹת
tortura (f)	inui	עִינּוּי (ז)
atormentar (vt)	leyaser	לְיַיסֵּר
pirata (m)	ʃoded yam	שׁוֹדֵד יָם (ז)
gamberro (m)	χuligan	חוּלִיגָאן (ז)
armado (adj)	mezuyan	מְזוּיָן
violencia (f)	alimut	אַלִּימוּת (נ)
ilegal (adj)	'bilti le'gali	בִּלְתִּי לֶגָלִי
espionaje (m)	rigul	רִיגּוּל (ז)
espiar (vi, vt)	leragel	לְרַגֵּל

120. La policía. La ley. Unidad 1

justicia (f)	'tsedek	צֶדֶק (ז)
tribunal (m)	beit miʃpat	בֵּית מִשְׁפָּט (ז)
juez (m)	ʃofet	שׁוֹפֵט (ז)
jurados (m pl)	muʃba'im	מוּשְׁבָּעִים (ז"ר)
tribunal (m) de jurados	χaver muʃba'im	חָבֵר מוּשְׁבָּעִים (ז)
juzgar (vt)	liʃpot	לִשְׁפּוֹט
abogado (m)	oreχ din	עוֹרֵךְ דִּין (ז)
acusado (m)	omed lemiʃpat	עוֹמֵד לְמִשְׁפָּט (ז)
banquillo (m) de los acusados	safsal ne'eʃamim	סַפְסַל נֶאֱשָׁמִים (ז)
inculpación (f)	ha'aʃama	הַאֲשָׁמָה (נ)
inculpado (m)	ne'eʃam	נֶאֱשָׁם (ז)
sentencia (f)	gzar din	גְּזַר דִּין (ז)
sentenciar (vt)	lifsok	לִפְסוֹק
culpable (m)	aʃem	אָשֵׁם (ז)
castigar (vt)	leha'aniʃ	לְהַעֲנִישׁ
castigo (m)	'oneʃ	עוֹנֶשׁ (ז)
multa (f)	knas	קְנָס (ז)
cadena (f) perpetua	ma'asar olam	מַאֲסַר עוֹלָם (ז)
pena (f) de muerte	'oneʃ 'mavet	עוֹנֶשׁ מָוֶת (ז)
silla (f) eléctrica	kise χaʃmali	כִּיסֵא חַשְׁמַלִי (ז)
horca (f)	gardom	גַּרְדּוֹם (ז)
ejecutar (vt)	lehotsi la'horeg	לְהוֹצִיא לַהוֹרֵג
ejecución (f)	hatsa'a le'horeg	הוֹצָאָה לַהוֹרֵג (נ)

prisión (f)	beit 'sohar	בֵּית סוֹהַר (ז)
celda (f)	ta	תָּא (ז)

escolta (f)	mishmar livui	מִשְׁמַר לִיוּוּי (ז)
guardia (m) de prisiones	soher	סוֹהֵר (ז)
prisionero (m)	asir	אָסִיר (ז)

esposas (f pl)	azikim	אֲזִיקִים (ז"ר)
esposar (vt)	lixbol be'azikim	לִכְבּוֹל בָּאֲזִיקִים

escape (m)	brixa	בְּרִיחָה (נ)
escaparse (vr)	liv'roax	לִבְרוֹחַ
desaparecer (vi)	lehe'alem	לְהֵיעָלֵם
liberar (vt)	leshaxrer	לְשַׁחְרֵר
amnistía (f)	xanina	חֲנִינָה (נ)

policía (f) (~ nacional)	mishtara	מִשְׁטָרָה (נ)
policía (m)	shoter	שׁוֹטֵר (ז)
comisaría (f) de policía	taxanat mishtara	תַּחֲנַת מִשְׁטָרָה (נ)
porra (f)	ala	אַלָּה (נ)
megáfono (m)	megafon	מֶגָפוֹן (ז)

coche (m) patrulla	na'yedet	נַיֶּדֶת (נ)
sirena (f)	tsofar	צוֹפָר (ז)
poner la sirena	lehaf'il tsofar	לְהַפְעִיל צוֹפָר
sonido (m) de sirena	tsfira	צְפִירָה (נ)

escena (f) del delito	zirat 'pesha	זִירַת פֶּשַׁע (נ)
testigo (m)	ed	עֵד (ז)
libertad (f)	'xofesh	חוֹפֶשׁ (ז)
cómplice (m)	shutaf	שׁוּתָף (ז)
escapar de …	lehixave	לְהֵיחָבֵא
rastro (m)	akev	עָקֵב (ז)

121. La policía. La ley. Unidad 2

búsqueda (f)	xipus	חִיפּוּשׂ (ז)
buscar (~ el criminal)	lexapes	לְחַפֵּשׂ
sospecha (f)	xashad	חָשָׁד (ז)
sospechoso (adj)	xashud	חָשׁוּד
parar (~ en la calle)	la'atsor	לַעֲצוֹר
retener (vt)	la'atsor	לַעֲצוֹר

causa (f) (~ penal)	tik	תִּיק (ז)
investigación (f)	xakira	חֲקִירָה (נ)
detective (m)	balash	בַּלָּשׁ (ז)
investigador (m)	xoker	חוֹקֵר (ז)
versión (f)	hash'ara	הַשְׁעָרָה (נ)

motivo (m)	me'ni'a	מֵנִיעַ (ז)
interrogatorio (m)	xakira	חֲקִירָה (נ)
interrogar (vt)	laxkor	לַחְקוֹר
interrogar (al testigo)	letash'el	לְתַשְׁאֵל
control (m) (de vehículos, etc.)	bdika	בְּדִיקָה (נ)

redada (f)	matsod	מָצוֹד (ז)
registro (m) (~ de la casa)	xipus	חִיפּוּשׂ (ז)
persecución (f)	mirdaf	מִרְדָף (ז)
perseguir (vt)	lirdof axarei	לִרְדוֹף אַחֲרֵי
rastrear (~ al criminal)	la'akov axarei	לַעֲקוֹב אַחֲרֵי
arresto (m)	ma'asar	מַאֲסָר (ז)
arrestar (vt)	le'esor	לֶאֱסוֹר
capturar (vt)	lilkod	לִלְכּוֹד
captura (f)	lexida	לְכִידָה (נ)
documento (m)	mismax	מִסְמָך (ז)
prueba (f)	hoxaxa	הוֹכָחָה (נ)
probar (vt)	leho'xiax	לְהוֹכִיחַ
huella (f) (pisada)	akev	עָקֵב (ז)
huellas (f pl) digitales	tvi'ot etsba'ot	טְבִיעוֹת אֶצְבָּעוֹת (נ"ר)
elemento (m) de prueba	re'aya	רְאָיָה (נ)
coartada (f)	'alibi	אָלִיבִּי (ז)
inocente (no culpable)	xaf mi'pe∫a	חַף מִפֶּשַׁע
injusticia (f)	i 'tsedek	אִי צֶדֶק (ז)
injusto (adj)	lo tsodek	לֹא צוֹדֵק
criminal (adj)	plili	פְּלִילִי
confiscar (vt)	lehaxrim	לְהַחְרִים
narcótico (m)	sam	סַם (ז)
arma (f)	'ne∫ek	נֶשֶׁק (ז)
desarmar (vt)	lifrok mi'ne∫ek	לְפָרוֹק מִנֶּשֶׁק
ordenar (vt)	lifkod	לִפְקוֹד
desaparecer (vi)	lehe'alem	לְהֵיעָלֵם
ley (f)	xok	חוֹק (ז)
legal (adj)	xuki	חוּקִי
ilegal (adj)	'bilti xuki	בִּלְתִי חוּקִי
responsabilidad (f)	axrayut	אַחֲרָיוּת (נ)
responsable (adj)	axrai	אַחְרַאי

LA NATURALEZA

La tierra. Unidad 1

122. El espacio

cosmos (m)	χalal	חָלָל (ז)
espacial, cósmico (adj)	ʃel χalal	שֶׁל חָלָל
espacio (m) cósmico	χalal χitson	חָלָל חִיצוֹן (ז)
mundo (m)	olam	עוֹלָם (ז)
universo (m)	yekum	יְקוּם (ז)
galaxia (f)	ga'laksya	גָּלַקְסְיָה (נ)
estrella (f)	koχav	כּוֹכָב (ז)
constelación (f)	tsvir koχavim	צְבִיר כּוֹכָבִים (ז)
planeta (m)	koχav 'leχet	כּוֹכָב לֶכֶת (ז)
satélite (m)	lavyan	לַוְיָן (ז)
meteorito (m)	mete'orit	מֶטֶאוֹרִיט (ז)
cometa (m)	koχav ʃavit	כּוֹכָב שָׁבִיט (ז)
asteroide (m)	aste'ro'id	אַסְטְרוֹאִיד (ז)
órbita (f)	maslul	מַסְלוּל (ז)
girar (vi)	lesovev	לִסוֹבֵב
atmósfera (f)	atmos'fera	אַטְמוֹסְפֵרָה (נ)
Sol (m)	'ʃemeʃ	שֶׁמֶשׁ (נ)
sistema (m) solar	ma'a'reχet ha'ʃemeʃ	מַעֲרֶכֶת הַשֶּׁמֶשׁ (נ)
eclipse (m) de Sol	likui χama	לִיקוּי חַמָּה (ז)
Tierra (f)	kadur ha''arets	כַּדוּר הָאָרֶץ (ז)
Luna (f)	ya'reaχ	יָרֵחַ (ז)
Marte (m)	ma'adim	מַאֲדִים (ז)
Venus (f)	'noga	נוֹגַהּ (ז)
Júpiter (m)	'tsedek	צֶדֶק (ז)
Saturno (m)	ʃabtai	שַׁבְּתַאי (ז)
Mercurio (m)	koχav χama	כּוֹכָב חַמָּה (ז)
Urano (m)	u'ranus	אוּרָנוּס (ז)
Neptuno (m)	neptun	נֶפְּטוּן (ז)
Plutón (m)	'pluto	פְּלוּטוֹ (ז)
la Vía Láctea	ʃvil haχalav	שְׁבִיל הֶחָלָב (ז)
la Osa Mayor	duba gdola	דוּבָּה גְדוֹלָה (נ)
la Estrella Polar	koχav hatsafon	כּוֹכָב הַצָּפוֹן (ז)
marciano (m)	toʃav ma'adim	תּוֹשָׁב מַאֲדִים (ז)
extraterrestre (m)	χutsan	חוּצָן (ז)

planetícola (m)	χaizar	חַייָזָר (ז)
platillo (m) volante	tsa'laχat me'o'fefet	צַלַחַת מְעוֹפֶפֶת (נ)
nave (f) espacial	χalalit	חֲלָלִית (נ)
estación (f) orbital	taχanat χalal	תַחֲנַת חָלָל (נ)
despegue (m)	hamra'a	הַמְרָאָה (נ)
motor (m)	ma'no'a	מָנוֹעַ (ז)
tobera (f)	neχir	נְחִיר (ז)
combustible (m)	'delek	דֶלֶק (ז)
carlinga (f)	'kokpit	קוֹקְפִּיט (ז)
antena (f)	an'tena	אַנטֶנָה (נ)
ventana (f)	eʃnav	אֶשׁנָב (ז)
batería (f) solar	'luaχ so'lari	לוּחַ סוֹלָרִי (ז)
escafandra (f)	χalifat χalal	חֲלִיפַת חָלָל (נ)
ingravidez (f)	'χoser miʃkal	חוֹסֶר מִשׁקָל (ז)
oxígeno (m)	χamtsan	חַמצָן (ז)
atraque (m)	agina	עֲגִינָה (נ)
realizar el atraque	la'agon	לַעֲגוֹן
observatorio (m)	mitspe koχavim	מִצפֵּה כּוֹכָבִים (ז)
telescopio (m)	teleskop	טֶלֶסקוֹפּ (ז)
observar (vt)	litspot, lehaʃkif	לִצפּוֹת, לְהַשׁקִיף
explorar (~ el universo)	laχkor	לַחקוֹר

123. La tierra

Tierra (f)	kadur ha''arets	כַּדוּר הָאָרֶץ (ז)
globo (m) terrestre	kadur ha''arets	כַּדוּר הָאָרֶץ (ז)
planeta (m)	koχav 'leχet	כּוֹכַב לֶכֶת (ז)
atmósfera (f)	atmos'fera	אַטמוֹספֶרָה (נ)
geografía (f)	ge'o'grafya	גֵיאוֹגרַפיָה (נ)
naturaleza (f)	'teva	טֶבַע (ז)
globo (m) terráqueo	'globus	גלוֹבּוּס (ז)
mapa (m)	mapa	מַפָּה (נ)
atlas (m)	'atlas	אַטלָס (ז)
Europa (f)	ei'ropa	אֵירוֹפָּה (נ)
Asia (f)	'asya	אַסיָה (נ)
África (f)	'afrika	אַפרִיקָה (נ)
Australia (f)	ost'ralya	אוֹסטרַליָה (נ)
América (f)	a'merika	אָמֶרִיקָה (נ)
América (f) del Norte	a'merika hatsfonit	אָמֶרִיקָה הַצפוֹנִית (נ)
América (f) del Sur	a'merika hadromit	אָמֶרִיקָה הַדרוֹמִית (נ)
Antártida (f)	ya'beʃet an'tarktika	יַבֶּשֶׁת אַנטַארקטִיקָה (נ)
Ártico (m)	'arktika	אַרקטִיקָה (נ)

124. Los puntos cardinales

norte (m)	tsafon	צָפוֹן (ז)
al norte	tsa'fona	צָפוֹנָה
en el norte	batsafon	בַּצָפוֹן
del norte (adj)	tsfoni	צְפוֹנִי
sur (m)	darom	דָרוֹם (ז)
al sur	da'roma	דָרוֹמָה
en el sur	badarom	בַּדָרוֹם
del sur (adj)	dromi	דְרוֹמִי
oeste (m)	ma'arav	מַעֲרָב (ז)
al oeste	ma'a'rava	מַעֲרָבָה
en el oeste	bama'arav	בַּמַעֲרָב
del oeste (adj)	ma'aravi	מַעֲרָבִי
este (m)	mizraχ	מִזְרָח (ז)
al este	miz'raχa	מִזְרָחָה
en el este	bamizraχ	בַּמִזְרָח
del este (adj)	mizraχi	מִזְרָחִי

125. El mar. El océano

mar (m)	yam	יָם (ז)
océano (m)	ok'yanos	אוֹקיָאנוֹס (ז)
golfo (m)	mifrats	מִפְרָץ (ז)
estrecho (m)	meitsar	מֵיצָר (ז)
tierra (f) firme	yabaʃa	יַבָּשָה (נ)
continente (m)	ya'beʃet	יַבֶּשֶת (נ)
isla (f)	i	אִי (ז)
península (f)	χatsi i	חָצִי אִי (ז)
archipiélago (m)	arχipelag	אוּ גִי־פֶּלָג (ז)
bahía (f)	mifrats	מִפְרָץ (ז)
ensenada, bahía (f)	namal	נָמָל (ז)
laguna (f)	la'guna	לָגוּנָה (נ)
cabo (m)	kef	כֵּף (ז)
atolón (m)	atol	אָטוֹל (ז)
arrecife (m)	ʃunit	שוּנִית (נ)
coral (m)	almog	אַלמוֹג (ז)
arrecife (m) de coral	ʃunit almogim	שוּנִית אַלמוֹגִים (נ)
profundo (adj)	amok	עָמוֹק
profundidad (f)	'omek	עוֹמֶק (ז)
abismo (m)	tehom	תְהוֹם (נ)
fosa (f) oceánica	maχteʃ	מַכתֵש (ז)
corriente (f)	'zerem	זֶרֶם (ז)
bañar (rodear)	lehakif	לְהַקִיף
orilla (f)	χof	חוֹף (ז)

costa (f)	xof yam	חוֹף יָם (ז)
flujo (m)	ge'ut	גֵאוּת (נ)
reflujo (m)	ʃefel	שֶׁפֶל (ז)
banco (m) de arena	sirton	שִׂרְטוֹן (ז)
fondo (m)	karka'it	קַרְקָעִית (נ)
ola (f)	gal	גַל (ז)
cresta (f) de la ola	pisgat hagal	פִּסְגַת הַגַל (נ)
espuma (f)	'ketsef	קֶצֶף (ז)
tempestad (f)	sufa	סוּפָה (נ)
huracán (m)	hurikan	הוֹרִיקָן (ז)
tsunami (m)	tsu'nami	צוּנָאמִי (ז)
bonanza (f)	'roga	רוֹגַע (ז)
calmo, tranquilo	ʃalev	שָׁלֵו
polo (m)	'kotev	קוֹטֶב (ז)
polar (adj)	kotbi	קוֹטְבִּי
latitud (f)	kav 'roxav	קַו רוֹחַב (ז)
longitud (f)	kav 'orex	קַו אוֹרֶךְ (ז)
paralelo (m)	kav 'roxav	קַו רוֹחַב (ז)
ecuador (m)	kav hamaʃve	קַו הַמַשְׁוֶה (ז)
cielo (m)	ʃa'mayim	שָׁמַיִם (ז"ר)
horizonte (m)	'ofek	אוֹפֶק (ז)
aire (m)	avir	אֲוִויר (ז)
faro (m)	migdalor	מִגְדַלוֹר (ז)
bucear (vi)	litslol	לִצְלוֹל
hundirse (vr)	lit'bo'a	לִטְבּוֹעַ
tesoros (m pl)	otsarot	אוֹצָרוֹת (ז"ר)

126. Los nombres de los mares y los océanos

océano (m) Atlántico	ha'ok'yanus ha'at'lanti	הָאוֹקְיָינוּס הָאַטְלַנְטִי (ז)
océano (m) Índico	ha'ok'yanus ha'hodi	הָאוֹקְיָינוּס הַהוֹדִי (ז)
océano (m) Pacífico	ha'ok'yanus haʃaket	הָאוֹקְיָינוּס הַשָׁקֵט (ז)
océano (m) Glacial Ártico	ok'yanos ha'kerax hatsfoni	אוֹקְיָינוּס הַקֶרַח הַצְפוֹנִי (ז)
mar (m) Negro	hayam haʃaxor	הַיָם הַשָׁחוֹר (ז)
mar (m) Rojo	yam suf	יַם סוּף (ז)
mar (m) Amarillo	hayam hatsahov	הַיָם הַצָהוֹב (ז)
mar (m) Blanco	hayam halavan	הַיָם הַלָבָן (ז)
mar (m) Caspio	hayam ha'kaspi	הַיָם הַכַּסְפִּי (ז)
mar (m) Muerto	yam ha'melax	יַם הַמֶלַח (ז)
mar (m) Mediterráneo	hayam hatixon	הַיָם הַתִיכוֹן (ז)
mar (m) Egeo	hayam ha'e'ge'i	הַיָם הָאָגָאִי (ז)
mar (m) Adriático	hayam ha'adri'yati	הַיָם הָאַדְרִיָאתִי (ז)
mar (m) Arábigo	hayam ha'aravi	הַיָם הָעֲרָבִי (ז)
mar (m) del Japón	hayam haya'pani	הַיָם הַיָפָנִי (ז)

mar (m) de Bering	yam 'bering	יָם בֶּרִינג (ז)
mar (m) de la China Meridional	yam sin hadromi	יָם סִין הַדְרוֹמִי (ז)
mar (m) del Coral	yam ha'almogim	יָם הָאַלְמוֹגִים (ז)
mar (m) de Tasmania	yam tasman	יָם טַסְמָן (ז)
mar (m) Caribe	hayam haka'ribi	הַיָם הַקָרִיבִּי (ז)
mar (m) de Barents	yam 'barents	יָם בָּרֶנץ (ז)
mar (m) de Kara	yam 'kara	יָם קָאךָה (ז)
mar (m) del Norte	hayam hatsfoni	הַיָם הַצְפוֹנִי (ז)
mar (m) Báltico	hayam ha'balti	הַיָם הַבַּלְטִי (ז)
mar (m) de Noruega	hayam hanor'vegi	הַיָם הַנוֹרְבֶגִי (ז)

127. Las montañas

montaña (f)	har	הַר (ז)
cadena (f) de montañas	'rexes harim	רֶכֶס הָרִים (ז)
cresta (f) de montañas	'rexes har	רֶכֶס הַר (ז)
cima (f)	pisga	פִּסְגָה (נ)
pico (m)	pisga	פִּסְגָה (נ)
pie (m)	margelot	מַרְגְלוֹת (נ"ר)
cuesta (f)	midron	מִדְרוֹן (ז)
volcán (m)	har 'ga'aʃ	הַר גַעַשׁ (ז)
volcán (m) activo	har 'ga'aʃ pa'il	הַר גַעַשׁ פָּעִיל (ז)
volcán (m) apagado	har 'ga'aʃ radum	הַר גַעַשׁ רָדוּם (ז)
erupción (f)	hitpartsut	הִתְפָּרְצוּת (נ)
cráter (m)	lo'a	לוֹעַ (ז)
magma (m)	megama	מַגְמָה (נ)
lava (f)	'lava	לָאבָה (נ)
fundido (lava ~a)	lohet	לוֹהֵט
cañón (m)	kanyon	קַנְיוֹן (ז)
desfiladero (m)	gai	גַיְא (ז)
grieta (f)	'beka	בֶּקַע (ז)
precipicio (m)	tehom	תְהוֹם (נ)
puerto (m) (paso)	ma'avar harim	מַעֲבָר הָרִים (ז)
meseta (f)	rama	רָמָה (נ)
roca (f)	tsuk	צוּק (ז)
colina (f)	giv'a	גִבְעָה (נ)
glaciar (m)	karxon	קַרְחוֹן (ז)
cascada (f)	mapal 'mayim	מַפַּל מַיִם (ז)
géiser (m)	'geizer	גֵייזֶר (ז)
lago (m)	agam	אֲגַם (ז)
llanura (f)	miʃor	מִישׁוֹר (ז)
paisaje (m)	nof	נוֹף (ז)
eco (m)	hed	הֵד (ז)

alpinista (m)	metapes harim	מְטַפֵּס הָרִים (ז)
escalador (m)	metapes sla'im	מְטַפֵּס סְלָעִים (ז)
conquistar (vt)	liχboʃ	לִכְבּוֹשׁ
ascensión (f)	tipus	טִיפּוּס (ז)

128. Los nombres de las montañas

Alpes (m pl)	harei ha''alpim	הָרֵי הָאָלְפִּים (ז"ר)
Montblanc (m)	mon blan	מוֹן בְּלָאן (ז)
Pirineos (m pl)	pire'ne'im	פִּירֶנֵאִים (ז"ר)
Cárpatos (m pl)	kar'patim	קַרפָּטִים (ז"ר)
Urales (m pl)	harei ural	הָרֵי אוּרָל (ז"ר)
Cáucaso (m)	harei hakavkaz	הָרֵי הַקָווקָז (ז"ר)
Elbrus (m)	elbrus	אֶלבְּרוּס (ז)
Altai (m)	harei altai	הָרֵי אַלטָאי (ז"ר)
Tian-Shan (m)	tyan ʃan	טִיאַן שָׁאן (ז)
Pamir (m)	harei pamir	הָרֵי פָּאמִיר (ז"ר)
Himalayos (m pl)	harei hehima'laya	הָרֵי הֶהִימָלַאיָה (ז"ר)
Everest (m)	everest	אֶווֶרֶסט (ז)
Andes (m pl)	harei ha''andim	הָרֵי הָאַנדִים (ז"ר)
Kilimanjaro (m)	kiliman'dʒaro	קִילִימַנגְ'רוֹ (ז)

129. Los ríos

río (m)	nahar	נָהָר (ז)
manantial (m)	ma'ayan	מַעֲיָן (ז)
lecho (m) (curso de agua)	afik	אָפִיק (ז)
cuenca (f) fluvial	agan nahar	אַגַן נָהָר (ז)
desembocar en …	lehiʃapeχ	לְהִישָׁפֵךְ
afluente (m)	yuval	יוּבָל (ז)
ribera (f)	χof	חוֹף (ז)
corriente (f)	'zerem	זֶרֶם (ז)
río abajo (adv)	bemorad hanahar	בְּמוֹרַד הַנָהָר
río arriba (adv)	bema'ale hanahar	בְּמַעֲלֵה הַזָהָר
inundación (f)	hatsafa	הֵצָפָה (נ)
riada (f)	ʃitafon	שִׁיטָפוֹן (ז)
desbordarse (vr)	la'alot al gdotav	לַעֲלוֹת עַל גְדוֹתָיו
inundar (vt)	lehatsif	לְהָצִיף
bajo (m) arenoso	sirton	שְׂרטוֹן (ז)
rápido (m)	'eʃed	אֶשֶׁד (ז)
presa (f)	'seχer	סָכָר (ז)
canal (m)	te'ala	תְעָלָה (נ)
lago (m) artificiale	ma'agar 'mayim	מַאֲגַר מַיִם (ז)
esclusa (f)	ta 'ʃayit	תָא שַׁיִט (ז)

Español	Transliteración	Hebreo
cuerpo (m) de agua	ma'agar 'mayim	מַאֲגַר מַיִם (ז)
pantano (m)	bitsa	בִּיצָה (נ)
ciénaga (f)	bitsa	בִּיצָה (נ)
remolino (m)	me'ar'bolet	מְעַרְבֹּלֶת (נ)
arroyo (m)	'naχal	נַחַל (ז)
potable (adj)	ʃel ʃtiya	שֶׁל שְׁתִיָּה
dulce (agua ~)	metukim	מְתוּקִים
hielo (m)	'keraχ	קֶרַח (ז)
helarse (el lago, etc.)	likpo	לִקְפּוֹא

130. Los nombres de los ríos

Sena (m)	hasen	הַסֵּן (ז)
Loira (m)	lu'ar	לוּאָר (ז)
Támesis (m)	'temza	תֶּמְזָה (ז)
Rin (m)	hrain	הְרַיין (ז)
Danubio (m)	da'nuba	דָנוּבָּה (ז)
Volga (m)	'volga	וֹלְגָה (ז)
Don (m)	nahar don	נְהַר דּוֹן (ז)
Lena (m)	'lena	לֶנָה (ז)
Río (m) Amarillo	hvang ho	הוּאַנג הוֹ (ז)
Río (m) Azul	yangtse	יַאנגצֶה (ז)
Mekong (m)	mekong	מֶקוֹנג (ז)
Ganges (m)	'ganges	גַנְגֶס (ז)
Nilo (m)	'nilus	נִילוּס (ז)
Congo (m)	'kongo	קוֹנגוֹ (ז)
Okavango (m)	ok'vango	אוֹקָבָנגוֹ (ז)
Zambeze (m)	zam'bezi	זַמְבֶּזִי (ז)
Limpopo (m)	limpopo	לִימפּוֹפוֹ (ז)
Misisipi (m)	misi'sipi	מִיסִיסִיפִּי (ז)

131. El bosque

Español	Transliteración	Hebreo
bosque (m)	'ya'ar	יַעַר (ז)
de bosque (adj)	ʃel 'ya'ar	שֶׁל יַעַר
espesura (f)	avi ha'ya'ar	עֲבִי הַיַּעַר (ז)
bosquecillo (m)	χurʃa	חוּרשָׁה (נ)
claro (m)	ka'raχat 'ya'ar	קָרַחַת יַעַר (נ)
maleza (f)	svaχ	סְבָךְ (ז)
matorral (m)	'siaχ	שִׂיחַ (ז)
senda (f)	ʃvil	שְׁבִיל (ז)
barranco (m)	'emek tsar	עֵמֶק צַר (ז)
árbol (m)	ets	עֵץ (ז)

hoja (f)	ale	עָלֶה (ז)
follaje (m)	alva	עַלְוָה (נ)
caída (f) de hojas	ʃa'leχet	שַׁלֶּכֶת (נ)
caer (las hojas)	linʃor	לִנְשׁוֹר
cima (f)	tsa'meret	צַמֶּרֶת (נ)
rama (f)	anaf	עָנָף (ז)
rama (f) (gruesa)	anaf ave	עָנָף עָבֶה (ז)
brote (m)	nitsan	נִיצָן (ז)
aguja (f)	'maχat	מַחַט (נ)
piña (f)	itstrubal	אִצְטְרוּבָּל (ז)
agujero (m)	χor ba'ets	חוֹר בָּעֵץ (ז)
nido (m)	ken	קֵן (ז)
tronco (m)	'geza	גֶּזַע (ז)
raíz (f)	'ʃoreʃ	שׁוֹרֶשׁ (ז)
corteza (f)	klipa	קְלִיפָּה (נ)
musgo (m)	taχav	טַחַב (ז)
extirpar (vt)	laʿakor	לַעֲקוֹר
talar (vt)	liχrot	לִכְרוֹת
deforestar (vt)	levare	לְבָרֵא
tocón (m)	'gedem	גֶּדֶם (ז)
hoguera (f)	medura	מְדוּרָה (נ)
incendio (m) forestal	srefa	שְׂרֵיפָה (נ)
apagar (~ el incendio)	leχabot	לְכַבּוֹת
guarda (m) forestal	ʃomer 'yaʿar	שׁוֹמֵר יַעַר (ז)
protección (f)	ʃmira	שְׁמִירָה (נ)
proteger (vt)	liʃmor	לִשְׁמוֹר
cazador (m) furtivo	tsayad lelo reʃut	צַיָּיד לְלֹא רְשׁוּת (ז)
cepo (m)	mal'kodet	מַלְכּוֹדֶת (נ)
recoger (setas, bayas)	lelaket	לְלַקֵּט
perderse (vr)	litʿot	לִתְעוֹת

132. Los recursos naturales

recursos (m pl) naturales	otsarot 'teva	אוֹצְרוֹת טֶבַע (ז״ר)
recursos (m pl) subterráneos	mine'ralim	מִינֶרָלִים (ז״ר)
depósitos (m pl)	mirbats	מִרְבָּץ (ז)
yacimiento (m)	mirbats	מִרְבָּץ (ז)
extraer (vt)	liχrot	לִכְרוֹת
extracción (f)	kriya	כְּרִיָּיה (נ)
mena (f)	afra	עַפְרָה (נ)
mina (f)	miχre	מִכְרֶה (ז)
pozo (m) de mina	pir	פִּיר (ז)
minero (m)	kore	כּוֹרֶה (ז)
gas (m)	gaz	גָּז (ז)
gasoducto (m)	tsinor gaz	צִינוֹר גָּז (ז)

petróleo (m)	neft	נֵפְט (ז)
oleoducto (m)	tsinor neft	צִינוֹר נֵפְט (ז)
pozo (m) de petróleo	be'er neft	בְּאֵר נֵפְט (נ)
torre (f) de sondeo	migdal ki'duax	מִגְדַל קִידוּחַ (ז)
petrolero (m)	mexalit	מֵיכָלִית (נ)
arena (f)	xol	חוֹל (ז)
caliza (f)	'even gir	אֶבֶן גִיר (נ)
grava (f)	xatsats	חָצָץ (ז)
turba (f)	kavul	כָּבוּל (ז)
arcilla (f)	tit	טִיט (ז)
carbón (m)	pexam	פֶּחָם (ז)
hierro (m)	barzel	בַּרְזֶל (ז)
oro (m)	zahav	זָהָב (ז)
plata (f)	'kesef	כֶּסֶף (ז)
níquel (m)	'nikel	נִיקֶל (ז)
cobre (m)	ne'xoʃet	נְחוֹשֶׁת (נ)
zinc (m)	avats	אָבָץ (ז)
manganeso (m)	mangan	מַנְגָן (ז)
mercurio (m)	kaspit	כַּסְפִּית (נ)
plomo (m)	o'feret	עוֹפֶרֶת (נ)
mineral (m)	mineral	מִינֶרָל (ז)
cristal (m)	gaviʃ	גָבִישׁ (ז)
mármol (m)	'ʃayiʃ	שַׁיִשׁ (ז)
uranio (m)	u'ranyum	אוּרָנְיוּם (ז)

La tierra. Unidad 2

133. El tiempo

tiempo (m)	'mezeg avir	מֶזֶג אֲוֵויר (ז)
previsión (f) del tiempo	taxazit 'mezeg ha'avir	תַּחֲזִית מֶזֶג הָאֲוֵויר (נ)
temperatura (f)	tempera'tura	טֶמְפֶּרָטוּרָה (נ)
termómetro (m)	madxom	מַדחוֹם (ז)
barómetro (m)	ba'rometer	בָּרוֹמֶטֶר (ז)
húmedo (adj)	lax	לַח
humedad (f)	laxut	לַחוּת (נ)
bochorno (m)	xom	חוֹם (ז)
tórrido (adj)	xam	חַם
hace mucho calor	xam	חַם
hace calor (templado)	xamim	חָמִים
templado (adj)	xamim	חָמִים
hace frío	kar	קַר
frío (adj)	kar	קַר
sol (m)	'ʃemeʃ	שֶׁמֶשׁ (נ)
brillar (vi)	lizhor	לִזהוֹר
soleado (un día ~)	ʃimʃi	שִׁמשִׁי
elevarse (el sol)	liz'roax	לִזרוֹחַ
ponerse (vr)	liʃ'ko'a	לִשׁקוֹעַ
nube (f)	anan	עָנָן (ז)
nuboso (adj)	me'unan	מְעוּנָן
nubarrón (m)	av	עָב (ז)
nublado (adj)	sagriri	סַגרִירִי
lluvia (f)	'geʃem	גֶשֶׁם (ז)
está lloviendo	yored 'geʃem	יוֹרֵד גֶשֶׁם
lluvioso (adj)	gaʃum	גָשׁוּם
lloviznar (vi)	letaftef	לְטַפטֵף
aguacero (m)	matar	מָטָר (ז)
chaparrón (m)	mabul	מַבּוּל (ז)
fuerte (la lluvia ~)	xazak	חָזָק
charco (m)	ʃlulit	שׁלוּלִית (נ)
mojarse (vr)	lehitratev	לְהִתרַטֵב
niebla (f)	arapel	עֲרָפֶל (ז)
nebuloso (adj)	me'urpal	מְעוּרפָּל
nieve (f)	'ʃeleg	שֶׁלֶג (ז)
está nevando	yored 'ʃeleg	יוֹרֵד שֶׁלֶג

134. Los eventos climáticos severos. Los desastres naturales

tormenta (f)	sufat re'amim	סוּפַת רְעָמִים (נ)
relámpago (m)	barak	בָּרָק (ז)
relampaguear (vi)	livhok	לִבְהוֹק
trueno (m)	ra'am	רַעַם (ז)
tronar (vi)	lir'om	לִרְעוֹם
está tronando	lir'om	לִרְעוֹם
granizo (m)	barad	בָּרָד (ז)
está granizando	yored barad	יוֹרֵד בָּרָד
inundar (vt)	lehatsif	לְהָצִיף
inundación (f)	ʃitafon	שִׁיטָפוֹן (ז)
terremoto (m)	re'idat adama	רְעִידַת אֲדָמָה (נ)
sacudida (f)	re'ida	רְעִידָה (נ)
epicentro (m)	moked	מוֹקֵד (ז)
erupción (f)	hitpartsut	הִתְפָּרְצוּת (נ)
lava (f)	'lava	לָאבָה (נ)
torbellino (m)	hurikan	הוֹרִיקָן (ז)
tornado (m)	tor'nado	טוֹרְנָדוֹ (ז)
tifón (m)	taifun	טַייפוּן (ז)
huracán (m)	hurikan	הוֹרִיקָן (ז)
tempestad (f)	sufa	סוּפָה (נ)
tsunami (m)	tsu'nami	צוּנָאמִי (ז)
ciclón (m)	tsiklon	צִיקְלוֹן (ז)
mal tiempo (m)	sagrir	סַגְרִיר (ז)
incendio (m)	srefa	שְׂרֵיפָה (נ)
catástrofe (f)	ason	אָסוֹן (ז)
meteorito (m)	mete'orit	מֶטֶאוֹרִיט (ז)
avalancha (f)	ma'polet ʃlagim	מַפּוֹלֶת שְׁלָגִים (נ)
alud (m) de nieve	ma'polet ʃlagim	מַפּוֹלֶת שְׁלָגִים (נ)
ventisca (f)	sufat ʃlagim	סוּפַת שְׁלָגִים (נ)
nevasca (f)	sufat ʃlagim	סוּפַת שְׁלָגִים (נ)

La fauna

135. Los mamíferos. Los predadores

carnívoro (m)	χayat 'teref	חַיַּת טֶרֶף (נ)
tigre (m)	'tigris	טִיגְרִיס (ז)
león (m)	arye	אַרְיֵה (ז)
lobo (m)	ze'ev	זְאֵב (ז)
zorro (m)	ʃuʻal	שׁוּעָל (ז)
jaguar (m)	yaguʼar	יָגוּאָר (ז)
leopardo (m)	namer	נָמֵר (ז)
guepardo (m)	bardelas	בַּרְדְּלָס (ז)
pantera (f)	panter	פַּנְתֵּר (ז)
puma (f)	'puma	פּוּמָה (נ)
leopardo (m) de las nieves	namer 'ʃeleg	נְמֵר שֶׁלֶג (ז)
lince (m)	ʃunar	שׁוּנָר (ז)
coyote (m)	ze'ev haʻaravot	זְאֵב הָעֲרָבוֹת (ז)
chacal (m)	tan	תַּן (ז)
hiena (f)	tsaʻvoʻa	צָבוֹעַ (ז)

136. Los animales salvajes

animal (m)	'baʻal χayim	בַּעַל חַיִּים (ז)
bestia (f)	χaya	חַיָּה (נ)
ardilla (f)	snaʼi	סְנָאִי (ז)
erizo (m)	kipod	קִיפוֹד (ז)
liebre (f)	arnav	אַרְנָב (ז)
conejo (m)	ʃafan	שָׁפָן (ז)
tejón (m)	girit	גִּירִית (נ)
mapache (m)	dvivon	דְּבִיבוֹן (ז)
hámster (m)	oger	אוֹגֵר (ז)
marmota (f)	mar'mita	מַרְמִיטָה (נ)
topo (m)	χafar'peret	חֲפַרְפֶּרֶת (נ)
ratón (m)	aχbar	עַכְבָּר (ז)
rata (f)	χulda	חוּלְדָּה (נ)
murciélago (m)	atalef	עֲטַלֵּף (ז)
armiño (m)	hermin	הֶרְמִין (ז)
cebellina (f)	tsobel	צוֹבֶּל (ז)
marta (f)	dalak	דְּלָק (ז)
comadreja (f)	χamus	חָמוּס (ז)
visón (m)	χorfan	חוֹרְפָן (ז)

castor (m)	bone	בּוֹנֶה (ז)
nutria (f)	lutra	לוּטְרָה (נ)
caballo (m)	sus	סוּס (ז)
alce (m)	ayal hakore	אַיָּל הַקּוֹרֵא (ז)
ciervo (m)	ayal	אַיָּל (ז)
camello (m)	gamal	גָּמָל (ז)
bisonte (m)	bizon	בִּיזוֹן (ז)
uro (m)	bizon ei'ropi	בִּיזוֹן אֵירוֹפִּי (ז)
búfalo (m)	te'o	תְּאוֹ (ז)
cebra (f)	'zebra	זֶבְרָה (נ)
antílope (m)	anti'lopa	אַנְטִילוֹפָּה (נ)
corzo (m)	ayal hakarmel	אַיָּל הַכַּרְמֶל (ז)
gamo (m)	yaχmur	יַחְמוּר (ז)
gamuza (f)	ya'el	יָעֵל (ז)
jabalí (m)	χazir bar	חֲזִיר בָּר (ז)
ballena (f)	livyatan	לְוְיָתָן (ז)
foca (f)	'kelev yam	כֶּלֶב יָם (ז)
morsa (f)	sus yam	סוּס יָם (ז)
oso (m) marino	dov yam	דּוֹב יָם (ז)
delfín (m)	dolfin	דּוֹלְפִין (ז)
oso (m)	dov	דּוֹב (ז)
oso (m) blanco	dov 'kotev	דּוֹב קוֹטֶב (ז)
panda (f)	'panda	פַּנְדָּה (נ)
mono (m)	kof	קוֹף (ז)
chimpancé (m)	ʃimpanze	שִׁימְפַּנְזָה (נ)
orangután (m)	orang utan	אוֹרַנְג-אוּטָן (ז)
gorila (m)	go'rila	גּוֹרִילָה (נ)
macaco (m)	makak	מָקָק (ז)
gibón (m)	gibon	גִּיבּוֹן (ז)
elefante (m)	pil	פִּיל (ז)
rinoceronte (m)	karnaf	קַרְנַף (ז)
jirafa (f)	dʒi'rafa	ג׳ִירָפָה (נ)
hipopótamo (m)	hipopotam	הִיפּוֹפּוֹטָם (ז)
canguro (m)	'kenguru	קֶנְגוּרוּ (ז)
koala (f)	ko''ala	קוֹאָלָה (נ)
mangosta (f)	nemiya	נְמִיָּה (נ)
chinchilla (f)	tʃin'tʃila	צִ׳ינְצִ׳ילָה (נ)
mofeta (f)	bo'eʃ	בּוֹאֵשׁ (ז)
espín (m)	darban	דַּרְבָּן (ז)

137. Los animales domésticos

gata (f)	χatula	חֲתוּלָה (נ)
gato (m)	χatul	חָתוּל (ז)
perro (m)	'kelev	כֶּלֶב (ז)

caballo (m)	sus	סוּס (ז)
garañón (m)	sus harba'a	סוּס הַרְבָּעָה (ז)
yegua (f)	susa	סוּסָה (נ)

vaca (f)	para	פָּרָה (נ)
toro (m)	ʃor	שׁוֹר (ז)
buey (m)	ʃor	שׁוֹר (ז)

oveja (f)	kivsa	כִּבְשָׂה (נ)
carnero (m)	'ayil	אַיִל (ז)
cabra (f)	ez	עֵז (נ)
cabrón (m)	'tayiʃ	תַּיִשׁ (ז)

| asno (m) | χamor | חֲמוֹר (ז) |
| mulo (m) | 'pered | פֶּרֶד (ז) |

cerdo (m)	χazir	חֲזִיר (ז)
cerdito (m)	χazarzir	חֲזַרְזִיר (ז)
conejo (m)	arnav	אַרְנָב (ז)

| gallina (f) | tarne'golet | תַּרְנְגוֹלֶת (נ) |
| gallo (m) | tarnegol | תַּרְנְגוֹל (ז) |

pato (m)	barvaz	בַּרְוָז (ז)
ánade (m)	barvaz	בַּרְוָז (ז)
ganso (m)	avaz	אֲוָז (ז)

| pavo (m) | tarnegol 'hodu | תַּרְנְגוֹל הֹדּוּ (ז) |
| pava (f) | tarne'golet 'hodu | תַּרְנְגוֹלֶת הֹדּוּ (נ) |

animales (m pl) domésticos	χayot 'bayit	חַיּוֹת בַּיִת (נ"ר)
domesticado (adj)	mevuyat	מְבוּיָת
domesticar (vt)	levayet	לְבַיֵּית
criar (vt)	lehar'bi'a	לְהַרְבִּיעַ

granja (f)	χava	חַוָּה (נ)
aves (f pl) de corral	ofot 'bayit	עוֹפוֹת בַּיִת (נ"ר)
ganado (m)	bakar	בָּקָר (ז)
rebaño (m)	'eder	עֵדֶר (ז)

caballeriza (f)	urva	אוּרְוָה (נ)
porqueriza (f)	dir χazirim	דִּיר חֲזִירִים (ז)
vaquería (f)	'refet	רֶפֶת (נ)
conejal (m)	arnaviya	אַרְנָבִיָּה (נ)
gallinero (m)	lul	לוּל (ז)

138. Los pájaros

pájaro (m)	tsipor	צִיפּוֹר (נ)
paloma (f)	yona	יוֹנָה (נ)
gorrión (m)	dror	דְּרוֹר (ז)
carbonero (m)	yargazi	יַרְגָּזִי (ז)
urraca (f)	orev neχalim	עוֹרֵב נְחָלִים (ז)
cuervo (m)	orev ʃaχor	עוֹרֵב שָׁחוֹר (ז)

corneja (f)	orev afor	עוֹרֵב אָפוֹר (ז)
chova (f)	ka'ak	קָאָק (ז)
grajo (m)	orev hamizra	עוֹרֵב הַמִזְרָע (ז)
pato (m)	barvaz	בַּרְוָז (ז)
ganso (m)	avaz	אַוָז (ז)
faisán (m)	pasyon	פַּסְיוֹן (ז)
águila (f)	'ayit	עַיִט (ז)
azor (m)	nets	נֵץ (ז)
halcón (m)	baz	בַּז (ז)
buitre (m)	ozniya	עוֹזְנִיָה (ז)
cóndor (m)	kondor	קוֹנְדוֹר (ז)
cisne (m)	barbur	בַּרְבּוּר (ז)
grulla (f)	agur	עָגוּר (ז)
cigüeña (f)	χasida	חֲסִידָה (נ)
loro (m), papagayo (m)	'tuki	תוּכִּי (ז)
colibrí (m)	ko'libri	קוֹלִיבְּרִי (ז)
pavo (m) real	tavas	טַוָס (ז)
avestruz (m)	bat ya'ana	בַּת יַעֲנָה (נ)
garza (f)	anafa	אֲנָפָה (נ)
flamenco (m)	fla'mingo	פְלָמִינגוֹ (ז)
pelícano (m)	saknai	שַׂקְנַאי (ז)
ruiseñor (m)	zamir	זָמִיר (ז)
golondrina (f)	snunit	סְנוּנִית (נ)
tordo (m)	kiχli	קִיבְלִי (ז)
zorzal (m)	kiχli mezamer	קִיבְלִי מְזַמֵר (ז)
mirlo (m)	kiχli ʃaχor	קִיבְלִי שָׁחוֹר (ז)
vencejo (m)	sis	סִיס (ז)
alondra (f)	efroni	עֶפְרוֹנִי (ז)
codorniz (f)	slav	שְׂלָיו (ז)
pájaro carpintero (m)	'neker	נָקָר (ז)
cuco (m)	kukiya	קוּקִיָה (נ)
lechuza (f)	yanʃuf	יַנשׁוּף (ז)
búho (m)	'oaχ	אוֹחַ (ז)
urogallo (m)	seχvi 'ya'ar	שְׂכְוִוי יַעַר (ז)
gallo lira (m)	seχvi	שְׂכְוִוי (ז)
perdiz (f)	χogla	חוֹגְלָה (נ)
estornino (m)	zarzir	זַרְזִיר (ז)
canario (m)	ka'narit	קָנָרִית (נ)
ortega (f)	seχvi haya'arot	שְׂכְוִוי הַיְעָרוֹת (ז)
pinzón (m)	paroʃ	פָּרוֹשׁ (ז)
camachuelo (m)	admonit	אַדְמוֹנִית (נ)
gaviota (f)	'ʃaχaf	שַׁחַף (ז)
albatros (m)	albatros	אַלְבַּטְרוֹס (ז)
pingüino (m)	pingvin	פִּינגְווִין (ז)

139. Los peces. Los animales marinos

brema (f)	avroma	אַברוֹמָה (נ)
carpa (f)	karpiyon	קַרְפִּיוֹן (ז)
perca (f)	'okunus	אוֹקוּנוּס (ז)
siluro (m)	sfamnun	שְׂפַמְנוּן (ז)
lucio (m)	ze'ev 'mayim	זְאֵב מַיִם (ז)
salmón (m)	'salmon	סַלְמוֹן (ז)
esturión (m)	χidkan	חִדְקָן (ז)
arenque (m)	ma'liaχ	מָלִיחַ (ז)
salmón (m) del Atlántico	iltit	אִילְתִּית (נ)
caballa (f)	makarel	מָקָרֶל (ז)
lenguado (m)	dag moʃe ra'benu	דַג מֹשֶׁה רַבֵּנוּ (ז)
lucioperca (f)	amnun	אַמְנוּן (ז)
bacalao (m)	ʃibut	שִׁיבּוּט (ז)
atún (m)	'tuna	טוּנָה (נ)
trucha (f)	forel	פּוֹרֶל (ז)
anguila (f)	tslofaχ	צְלוֹפָח (ז)
raya (f) eléctrica	trisanit	תְּרִיסָנִית (נ)
morena (f)	mo'rena	מוֹרֶנָה (נ)
piraña (f)	pi'ranya	פִּירַנְיָה (נ)
tiburón (m)	kariʃ	כָּרִישׁ (ז)
delfín (m)	dolfin	דוֹלְפִין (ז)
ballena (f)	livyatan	לִוְיָתָן (ז)
centolla (f)	sartan	סַרְטָן (ז)
medusa (f)	me'duza	מֶדוּזָה (נ)
pulpo (m)	tamnun	תַמְנוּן (ז)
estrella (f) de mar	koχav yam	כּוֹכַב יָם (ז)
erizo (m) de mar	kipod yam	קִיפּוֹד יָם (ז)
caballito (m) de mar	suson yam	סוּסוֹן יָם (ז)
ostra (f)	tsidpa	צִדְפָּה (נ)
camarón (m)	χasilon	חֲסִילוֹן (ז)
bogavante (m)	'lobster	לוֹבְּסְטֶר (ז)
langosta (f)	'lobster kotsani	לוֹבְּסְטֶר קוֹצָנִי (ז)

140. Los anfibios. Los reptiles

serpiente (f)	naχaʃ	נָחָשׁ (ז)
venenoso (adj)	arsi	אַרְסִי
víbora (f)	'tsefa	צֶפַע (ז)
cobra (f)	'peten	פֶּתֶן (ז)
pitón (m)	piton	פִּיתוֹן (ז)
boa (f)	χanak	חָנָק (ז)
culebra (f)	naχaʃ 'mayim	נָחָשׁ מַיִם (ז)

| serpiente (m) de cascabel | ʃfifon | שְׁפִיפוֹן (ז) |
| anaconda (f) | ana'konda | אֲנָקוֹנְדָה (נ) |

lagarto (m)	leta'a	לְטָאָה (נ)
iguana (f)	igu"ana	אִיגוּאָנָה (נ)
varano (m)	'koax	כּוֹחַ (ז)
salamandra (f)	sala'mandra	סָלָמַנְדְרָה (נ)
camaleón (m)	zikit	זִיקִית (נ)
escorpión (m)	akrav	עַקְרָב (ז)

tortuga (f)	tsav	צָב (ז)
rana (f)	tsfar'de'a	צְפַרְדֵּעַ (נ)
sapo (m)	karpada	קַרְפָּדָה (נ)
cocodrilo (m)	tanin	תַּנִּין (ז)

141. Los insectos

insecto (m)	xarak	חָרָק (ז)
mariposa (f)	parpar	פַּרְפַּר (ז)
hormiga (f)	nemala	נְמָלָה (נ)
mosca (f)	zvuv	זְבוּב (ז)
mosquito (m) (picadura de ~)	yatuʃ	יַתּוּשׁ (ז)
escarabajo (m)	xipuʃit	חִיפּוּשִׁית (נ)

avispa (f)	tsir'a	צִרְעָה (נ)
abeja (f)	dvora	דְּבוֹרָה (נ)
abejorro (m)	dabur	דַּבּוּר (ז)
moscardón (m)	zvuv hasus	זְבוּב הַסּוּס (ז)

| araña (f) | akaviʃ | עַכָּבִישׁ (ז) |
| telaraña (f) | kurei akaviʃ | קוּרֵי עַכָּבִישׁ (ז"ר) |

libélula (f)	ʃapirit	שַׁפִּירִית (נ)
saltamontes (m)	xagav	חָגָב (ז)
mariposa (f) nocturna	aʃ	עָשׁ (ז)

cucaracha (f)	makak	מָקָק (ז)
garrapata (f)	kartsiya	קַרְצִיָּה (נ)
pulga (f)	par'oʃ	פַּרְעוֹשׁ (ז)
mosca (f) negra	yavxuʃ	יַבְחוּשׁ (ז)

langosta (f)	arbe	אַרְבֶּה (ז)
caracol (m)	xilazon	חִלָּזוֹן (ז)
grillo (m)	tsartsar	צְרָצַר (ז)
luciérnaga (f)	gaxlilit	גַּחְלִילִית (נ)
mariquita (f)	parat moʃe ra'benu	פָּרַת מֹשֶׁה רַבֵּנוּ (נ)
sanjuanero (m)	xipuʃit aviv	חִיפּוּשִׁית אָבִיב (נ)

sanguijuela (f)	aluka	עֲלוּקָה (נ)
oruga (f)	zaxal	זַחַל (ז)
lombriz (m) de tierra	to'la'at	תּוֹלַעַת (נ)
larva (f)	'deren	דֶּרֶן (ז)

La flora

142. Los árboles

árbol (m)	ets	עֵץ (ז)
foliáceo (adj)	naʃir	נָשִׁיר
conífero (adj)	maχtani	מַחטָנִי
de hoja perenne	yarok ad	יָרוֹק עַד
manzano (m)	ta'puaχ	תַפּוּחַ (ז)
peral (m)	agas	אַגָס (ז)
cerezo (m)	gudgedan	גוּדגְדָן (ז)
guindo (m)	duvdevan	דוּבדְבָן (ז)
ciruelo (m)	ʃezif	שְׁזִיף (ז)
abedul (m)	ʃadar	שְׁדָר (ז)
roble (m)	alon	אַלוֹן (ז)
tilo (m)	'tilya	טִילְיָה (נ)
pobo (m)	aspa	אַספָּה (נ)
arce (m)	'eder	אֶדֶר (ז)
pícea (f)	a'ʃuaχ	אַשׁוּחַ (ז)
pino (m)	'oren	אוֹרֶן (ז)
alerce (m)	arzit	אַרזִית (נ)
abeto (m)	a'ʃuaχ	אַשׁוּחַ (ז)
cedro (m)	'erez	אֶרֶז (ז)
álamo (m)	tsaftsefa	צַפצָפָה (נ)
serbal (m)	ben χuzrar	בֶּן־חוּזרָר (ז)
sauce (m)	arava	עֲרָבָה (נ)
aliso (m)	alnus	אַלנוּס (ז)
haya (f)	aʃur	אָשׁוּר (ז)
olmo (m)	bu'kitsa	בּוּקִיצָה (נ)
fresno (m)	mela	מֵילָה (נ)
castaño (m)	armon	עַרמוֹן (ז)
magnolia (f)	mag'nolya	מַגנוֹלִיָה (נ)
palmera (f)	'dekel	דֶקֶל (ז)
ciprés (m)	broʃ	בּרוֹשׁ (ז)
mangle (m)	mangrov	מַנגרוֹב (ז)
baobab (m)	ba'obab	בָּאוֹבָּב (ז)
eucalipto (m)	eika'liptus	אֵיקָלִיפּטוּס (ז)
secoya (f)	sek'voya	סֶקווֹיָה (נ)

143. Los arbustos

mata (f)	'siaχ	שִׂיחַ (ז)
arbusto (m)	'siaχ	שִׂיחַ (ז)

vid (f)	'gefen	גֶּפֶן (ז)
viñedo (m)	'kerem	כֶּרֶם (ז)

frambueso (m)	'petel	פֶּטֶל (ז)
grosellero (m) negro	'siaχ dumdemaniyot ʃχorot	שִׂיחַ דּוּמְדְּמָנִיּוֹת שְׁחוֹרוֹת (ז)
grosellero (m) rojo	'siaχ dumdemaniyot adumot	שִׂיחַ דּוּמְדְּמָנִיּוֹת אֲדֻמּוֹת (ז)
grosellero (m) espinoso	χazarzar	חֲזַרְזַר (ז)

acacia (f)	ʃita	שִׁיטָה (נ)
berberís (m)	berberis	בֶּרְבֶּרִיס (ז)
jazmín (m)	yasmin	יַסְמִין (ז)

enebro (m)	ar'ar	עַרְעָר (ז)
rosal (m)	'siaχ vradim	שִׂיחַ וְרָדִים (ז)
escaramujo (m)	'vered bar	וֶרֶד בַּר (ז)

144. Las frutas. Las bayas

fruto (m)	pri	פְּרִי (ז)
frutos (m pl)	perot	פֵּרוֹת (ז״ר)
manzana (f)	ta'puaχ	תַּפּוּחַ (ז)
pera (f)	agas	אַגָּס (ז)
ciruela (f)	ʃezif	שְׁזִיף (ז)

fresa (f)	tut sade	תּוּת שָׂדֶה (ז)
guinda (f)	duvdevan	דֻּבְדְּבָן (ז)
cereza (f)	gudgedan	גּוּדְגְּדָן (ז)
uva (f)	anavim	עֲנָבִים (ז״ר)

frambuesa (f)	'petel	פֶּטֶל (ז)
grosella (f) negra	dumdemanit ʃχora	דֻּמְדְּמָנִית שְׁחוֹרָה (נ)
grosella (f) roja	dumdemanit aduma	דֻּמְדְּמָנִית אֲדֻמָּה (נ)
grosella (f) espinosa	χazarzar	חֲזַרְזַר (ז)
arándano (m) agrio	χamutsit	חֲמוּצִית (נ)

naranja (f)	tapuz	תַּפּוּז (ז)
mandarina (f)	klemen'tina	קְלֶמֶנְטִינָה (נ)
piña (f)	'ananas	אֲנָנָס (ז)

banana (f)	ba'nana	בַּנָנָה (נ)
dátil (m)	tamar	תָּמָר (ז)

limón (m)	limon	לִימוֹן (ז)
albaricoque (m)	'miʃmeʃ	מִשְׁמֵשׁ (ז)
melocotón (m)	afarsek	אֲפַרְסֵק (ז)

kiwi (m)	'kivi	קִיוִוי (ז)
toronja (f)	eʃkolit	אֶשְׁכּוֹלִית (נ)

baya (f)	garger	גַּרְגֵּר (ז)
bayas (f pl)	gargerim	גַּרְגְּרִים (ז״ר)
arándano (m) rojo	uχmanit aduma	אוּכְמָנִית אֲדֻמָּה (נ)
fresa (f) silvestre	tut 'ya'ar	תּוּת יַעַר (ז)
arándano (m)	uχmanit	אוּכְמָנִית (נ)

145. Las flores. Las plantas

flor (f)	'peraχ	פֶּרַח (ז)
ramo (m) de flores	zer	זֵר (ז)
rosa (f)	'vered	וֶרֶד (ז)
tulipán (m)	tsiv'oni	צִבְעוֹנִי (ז)
clavel (m)	tsi'poren	צִיפּוֹרֶן (ז)
gladiolo (m)	glad'yola	גְלַדְיוֹלָה (נ)
aciano (m)	dganit	דְגָנִיָה (נ)
campanilla (f)	pa'amonit	פַּעֲמוֹנִית (נ)
diente (m) de león	ʃinan	שִׁינָן (ז)
manzanilla (f)	kamomil	קָמוֹמִיל (ז)
áloe (m)	alvai	אַלווַי (ז)
cacto (m)	'kaktus	קַקְטוּס (ז)
ficus (m)	'fikus	פִיקוּס (ז)
azucena (f)	ʃoʃana	שׁוֹשַׁנָה (נ)
geranio (m)	ge'ranyum	גֶרַניוּם (ז)
jacinto (m)	yakinton	יָקִינְטוֹן (ז)
mimosa (f)	mi'moza	מִימוֹזָה (נ)
narciso (m)	narkis	נַרקִיס (ז)
capuchina (f)	'kova hanazir	כּוֹבַע הַנָזִיר (ז)
orquídea (f)	saχlav	סַחלָב (ז)
peonía (f)	admonit	אַדמוֹנִית (נ)
violeta (f)	sigalit	סִיגָלִית (נ)
trinitaria (f)	amnon vetamar	אַמנוֹן וְתָמָר (ז)
nomeolvides (f)	ziχ'rini	זִכרִינִי (ז)
margarita (f)	marganit	מַרגָנִית (נ)
amapola (f)	'pereg	פֶּרֶג (ז)
cáñamo (m)	ka'nabis	קָנַאבִּיס (ז)
menta (f)	'menta	מֶנטָה (נ)
muguete (m)	zivanit	זִיווָנִית (נ)
campanilla (f) de las nieves	ga'lantus	גָלַנטוּס (ז)
ortiga (f)	sirpad	סִרפָּד (ז)
acedera (f)	χum'a	חוּמעָה (נ)
nenúfar (m)	nufar	נוּפָר (ז)
helecho (m)	ʃaraχ	שָׁרָך (ז)
liquen (m)	χazazit	חֲזָזִית (נ)
invernadero (m) tropical	χamama	חַמָמָה (נ)
césped (m)	midʃa'a	מִדשָׁאָה (נ)
macizo (m) de flores	arugat praχim	עֲרוּגַת פּרָחִים (נ)
planta (f)	'tsemaχ	צֶמַח (ז)
hierba (f)	'deʃe	דֶשֶׁא (ז)
hoja (f) de hierba	giv'ol 'esev	גִבעוֹל עֵשֶׂב (ז)

hoja (f)	ale	עָלֶה (ז)
pétalo (m)	ale ko'teret	עָלֵה כּוֹתֶרֶת (ז)
tallo (m)	giv'ol	גִּבְעוֹל (ז)
tubérculo (m)	'pka'at	פְּקַעַת (נ)
retoño (m)	'nevet	נֶבֶט (ז)
espina (f)	kots	קוֹץ (ז)
florecer (vi)	lif'roax	לִפְרוֹחַ
marchitarse (vr)	linbol	לִנְבּוֹל
olor (m)	'reax	רֵיחַ (ז)
cortar (vt)	ligzom	לִגְזוֹם
coger (una flor)	liktof	לִקְטוֹף

146. Los cereales, los granos

grano (m)	tvu'a	תְּבוּאָה (נ)
cereales (m pl) (plantas)	dganim	דְּגָנִים (ז״ר)
espiga (f)	ʃi'bolet	שִׁיבּוֹלֶת (נ)
trigo (m)	xita	חִיטָה (נ)
centeno (m)	ʃifon	שִׁיפוֹן (ז)
avena (f)	ʃi'bolet ʃu'al	שִׁיבּוֹלֶת שׁוּעָל (נ)
mijo (m)	'doxan	דּוֹחַן (ז)
cebada (f)	se'ora	שְׂעוֹרָה (נ)
maíz (m)	'tiras	תִּירָס (ז)
arroz (m)	'orez	אוֹרֶז (ז)
alforfón (m)	ku'semet	כּוּסֶמֶת (נ)
guisante (m)	afuna	אֲפוּנָה (נ)
fréjol (m)	ʃu'it	שְׁעוּעִית (נ)
soya (f)	'soya	סוֹיָה (נ)
lenteja (f)	adaʃim	עֲדָשִׁים (נ״ר)
habas (f pl)	pol	פּוֹל (ז)

LOS PAÍSES. LAS NACIONALIDADES

147. Europa occidental

Europa (f)	ei'ropa	אֵירוֹפָּה (נ)
Unión (f) Europea	ha'iχud ha'eiro'pe'i	הָאִיחוּד הָאֵירוֹפִּי (ז)
Austria (f)	'ostriya	אוֹסְטְרִיָה (נ)
Gran Bretaña (f)	bri'tanya hagdola	בְּרִיטַנְיָה הַגְדוֹלָה (נ)
Inglaterra (f)	'angliya	אַנְגְלִיָה (נ)
Bélgica (f)	'belgya	בֶּלְגִיָה (נ)
Alemania (f)	ger'manya	גֶרְמַנְיָה (נ)
Países Bajos (m pl)	'holand	הוֹלַנְד (נ)
Holanda (f)	'holand	הוֹלַנְד (נ)
Grecia (f)	yavan	יָוָן (נ)
Dinamarca (f)	'denmark	דֶנְמַרְק (נ)
Irlanda (f)	'irland	אִירְלַנְד (נ)
Islandia (f)	'island	אִיסְלַנְד (נ)
España (f)	sfarad	סְפָרַד (נ)
Italia (f)	i'talya	אִיטַלְיָה (נ)
Chipre (m)	kafrisin	קַפְרִיסִין (נ)
Malta (f)	'malta	מַלְטָה (נ)
Noruega (f)	nor'vegya	נוֹרְבֶגִיָה (נ)
Portugal (m)	portugal	פּוֹרְטוּגָל (נ)
Finlandia (f)	'finland	פִינְלַנְד (נ)
Francia (f)	tsarfat	צָרְפַת (נ)
Suecia (f)	'ʃvedya	שְׁבֶדְיָה (נ)
Suiza (f)	'ʃvaits	שְׁוַויִץ (נ)
Escocia (f)	'skotland	סְקוֹטְלַנְד (נ)
Vaticano (m)	vatikan	וָתִיקָן (ז)
Liechtenstein (m)	liχtenʃtain	לִיכְטֶנְשְׁטַיִין (נ)
Luxemburgo (m)	luksemburg	לוּקְסֶמְבּוּרְג (נ)
Mónaco (m)	mo'nako	מוֹנָקוֹ (נ)

148. Europa central y oriental

Albania (f)	al'banya	אַלְבַּנְיָה (נ)
Bulgaria (f)	bul'garya	בּוּלְגַרְיָה (נ)
Hungría (f)	hun'garya	הוּנְגַרְיָה (נ)
Letonia (f)	'latviya	לַטְבִיָה (נ)
Lituania (f)	'lita	לִיטָא (נ)
Polonia (f)	polin	פּוֹלִין (נ)

Rumania (f)	ro'manya	רוֹמַנְיָה (נ)
Serbia (f)	'serbya	סֶרְבִּיָה (נ)
Eslovaquia (f)	slo'vakya	סְלוֹבָקְיָה (נ)
Croacia (f)	kro"atya	קְרוֹאָטְיָה (נ)
Chequia (f)	'ʧexya	צֶ'כְיָה (נ)
Estonia (f)	es'tonya	אֶסְטוֹנְיָה (נ)
Bosnia y Herzegovina	'bosniya	בּוֹסְנְיָה (נ)
Macedonia	make'donya	מָקֶדוֹנְיָה (נ)
Eslovenia	slo'venya	סְלוֹבֶנְיָה (נ)
Montenegro (m)	monte'negro	מוֹנְטֶנֶגְרוֹ (נ)

149. Los países de la antes Unión Soviética

Azerbaiyán (m)	azerbaidʒan	אָזֶרְבַּיְיגָ'ן (נ)
Armenia (f)	ar'menya	אַרְמֶנְיָה (נ)
Bielorrusia (f)	'belarus	בֶּלָרוּס (נ)
Georgia (f)	'gruzya	גְרוּזְיָה (נ)
Kazajstán (m)	kazaxstan	קָזַחְסְטָן (נ)
Kirguizistán (m)	kirgizstan	קִירְגִיזְסְטָן (נ)
Moldavia (f)	mol'davya	מוֹלְדַבְיָה (נ)
Rusia (f)	'rusya	רוּסְיָה (נ)
Ucrania (f)	uk'rayna	אוּקְרָאִינָה (נ)
Tayikistán (m)	tadʒikistan	טָגִ'יקִיסְטָן (נ)
Turkmenistán (m)	turkmenistan	טוּרְקְמֶנִיסְטָן (נ)
Uzbekistán (m)	uzbekistan	אוּזְבֶּקִיסְטָן (נ)

150. Asia

Asia (f)	'asya	אַסְיָה (נ)
Vietnam (m)	vyetnam	וִיֶיטְנָאם (נ)
India (f)	'hodu	הוֹדוּ (נ)
Israel (m)	yisra'el	יִשְׂרָאֵל (נ)
China (f)	sin	סִין (נ)
Líbano (m)	levanon	לְבָנוֹן (נ)
Mongolia (f)	mon'golya	מוֹנְגוֹלְיָה (נ)
Malasia (f)	ma'lezya	מָלֶזְיָה (נ)
Pakistán (m)	pakistan	פָּקִיסְטָן (נ)
Arabia (f) Saudita	arav hasa'udit	עֲרָב הַסָעוּדִית (נ)
Tailandia (f)	'tailand	תַאִילַנְד (נ)
Taiwán (m)	taivan	טַיְיוָון (נ)
Turquía (f)	'turkiya	טוּרְקִיָה (נ)
Japón (m)	yapan	יַפָּן (נ)
Afganistán (m)	afganistan	אַפְגָנִיסְטָן (נ)

Bangladesh (m)	bangladeʃ	בַּנְגְלָדֶשׁ (נ)
Indonesia (f)	indo'nezya	אִינדוֹנֶזְיָה (נ)
Jordania (f)	yarden	יַרְדֵן (נ)
Irak (m)	irak	עִירָאק (נ)
Irán (m)	iran	אִירָן (נ)
Camboya (f)	kam'bodya	קַמְבּוֹדְיָה (נ)
Kuwait (m)	kuveit	כּוּוֵית (נ)
Laos (m)	la'os	לָאוֹס (נ)
Myanmar (m)	miyanmar	מְיַאנְמָר (נ)
Nepal (m)	nepal	נֶפָּאל (נ)
Emiratos (m pl) Árabes Unidos	iχud ha'emi'royot ha'araviyot	אִיחוּד הָאֲמִירוּיוֹת הָעֲרָבִיוֹת (ז)
Siria (f)	'surya	סוּרְיָה (נ)
Palestina (f)	falastin	פָּלַסְטִין (נ)
Corea (f) del Sur	ko'rei'a hadromit	קוֹרֵיאָה הַדְרוֹמִית (נ)
Corea (f) del Norte	ko'rei'a hatsfonit	קוֹרֵיאָה הַצְפוֹנִית (נ)

151. América del Norte

Estados Unidos de América (m pl)	artsot habrit	אַרְצוֹת הַבְּרִית (נ"ר)
Canadá (f)	'kanada	קָנָדָה (נ)
Méjico (m)	'meksiko	מֶקְסִיקוֹ (נ)

152. Centroamérica y Sudamérica

Argentina (f)	argen'tina	אַרְגֶנְטִינָה (נ)
Brasil (m)	brazil	בְּרָזִיל (נ)
Colombia (f)	ko'lombya	קוֹלוֹמבִּיָה (נ)
Cuba (f)	'kuba	קוּבָּה (נ)
Chile (m)	'ʧile	צִ׳ילֶה (נ)
Bolivia (f)	bo'livya	בּוֹלִיבִיָה (נ)
Venezuela (f)	venetsu"ela	וֶנֶצוּאֵלָה (נ)
Paraguay (m)	paragvai	פָּרָגוּוַאי (נ)
Perú (m)	peru	פֶּרוּ (נ)
Surinam (m)	surinam	סוּרִינָאם (נ)
Uruguay (m)	urugvai	אוּרוּגוּוַאי (נ)
Ecuador (m)	ekvador	אֶקוָודוֹר (נ)
Islas (f pl) Bahamas	iyey ba'hama	אִיֵי בָּהָאמָה (ז"ר)
Haití (m)	ha''iti	הָאִיטִי (נ)
República (f) Dominicana	hare'publika hadomeni'kanit	הָרֶפּוּבּלִיקָה הַדוֹמֵינִיקָנִית (נ)
Panamá (f)	pa'nama	פָּנָמָה (נ)
Jamaica (f)	dʒa'maika	גָ׳מַיְקָה (נ)

153. África

Egipto (m)	mits'rayim	מִצְרַיִם (נ)
Marruecos (m)	ma'roko	מָרוֹקוֹ (נ)
Túnez (m)	tu'nisya	טוּנִיסְיָה (נ)
Ghana (f)	'gana	גָאנָה (נ)
Zanzíbar (m)	zanzibar	זַנְזִיבָּר (נ)
Kenia (f)	'kenya	קֶנְיָה (נ)
Libia (f)	luv	לוּב (נ)
Madagascar (m)	madagaskar	מָדָגַסְקָר (ז)
Namibia (f)	na'mibya	נָמִיבְּיָה (נ)
Senegal (m)	senegal	סֶנֶגָל (נ)
Tanzania (f)	tan'zanya	טַנְזַנְיָה (נ)
República (f) Sudafricana	drom 'afrika	דרוֹם אָפְרִיקָה (נ)

154. Australia. Oceanía

Australia (f)	ost'ralya	אוֹסְטְרַלְיָה (נ)
Nueva Zelanda (f)	nyu 'ziland	נְיוּ זִילַנְד (נ)
Tasmania (f)	tas'manya	טַסְמַנְיָה (נ)
Polinesia (f) Francesa	poli'nezya hatsarfatit	פּוֹלִינֶזְיָה הַצָרְפָתִית (נ)

155. Las ciudades

Ámsterdam	'amsterdam	אַמְסְטֶרְדָם (נ)
Ankara	ankara	אַנְקָרָה (נ)
Atenas	a'tuna	אָתוּנָה (נ)
Bagdad	bagdad	בַּגְדָד (נ)
Bangkok	bangkok	בַּנְגְקוֹק (נ)
Barcelona	bartse'lona	בַּרְצֶלוֹנָה (נ)
Beirut	beirut	בֵּירוּת (נ)
Berlín	berlin	בֶּרְלִין (נ)
Mumbai	bombei	בּוֹמְבֵּי (נ)
Bonn	bon	בּוֹן (נ)
Bratislava	bratis'lava	בְּרָטִיסְלָאבָה (נ)
Bruselas	brisel	בְּרִיסֶל (נ)
Bucarest	'bukareʃt	בּוּקָרֶשְט (נ)
Budapest	'budapeʃt	בּוּדָפֶשְט (נ)
Burdeos	bordo	בּוֹרדוֹ (נ)
El Cairo	kahir	קָהִיר (נ)
Calcuta	kol'kata	קוֹלְקָטָה (נ)
Chicago	ʃi'kago	שִיקָאגוֹ (נ)
Copenhague	kopen'hagen	קוֹפֶּנְהָגֶן (נ)
Dar-es-Salam	dar e salam	דָאר אֶ-סָלָאם (נ)
Delhi	'delhi	דֶלהִי (נ)

Dubai	dubai	דוּבַּאי (נ)
Dublín	'dablin	דַבְּלִין (נ)
Dusseldorf	'diseldorf	דִיסֶלדוֹרף (נ)

Estambul	istanbul	אִיסטַנבּוּל (נ)
Estocolmo	'stokholm	סטוֹקהוֹלם (נ)
Florencia	fi'rentse	פִירֶנצֶה (נ)
Fráncfort del Meno	'frankfurt	פרַנקפוּרט (נ)
Ginebra	dʒe'neva	ג'נֶבָה (נ)

La Habana	ha'vana	הָוַואנָה (נ)
Hamburgo	'hamburg	הַמבּוּרג (נ)
Hanói	hanoi	הָאנוֹי (נ)
La Haya	hag	הָאג (נ)
Helsinki	'helsinki	הֶלסִינקִי (נ)
Hiroshima	hiro'ʃima	הִירוֹשִימָה (נ)
Hong Kong	hong kong	הוֹנג קוֹנג (נ)

Jerusalén	yeruʃa'layim	יְרוּשָלַיִם (נ)
Kiev	'kiyev	קִייֶב (נ)
Kuala Lumpur	ku''ala lumpur	קוּאָלָה לוּמפּוּר (נ)

Lisboa	lisbon	לִיסבּוֹן (נ)
Londres	'london	לוֹנדוֹן (נ)
Los Ángeles	los 'andʒeles	לוֹס אַנג'לֶס (נ)
Lyon	li'on	לִיאוֹן (נ)

Madrid	madrid	מַדרִיד (נ)
Marsella	marsei	מַרסֵי (נ)
Ciudad de México	'meksiko 'siti	מֶקסִיקוֹ סִיטִי (נ)
Miami	ma'yami	מָיַאמִי (נ)
Montreal	montri'ol	מוֹנטרִיאוֹל (נ)
Moscú	'moskva	מוֹסקבָה (נ)
Múnich	'minχen	מִינכֶן (נ)

Nairobi	nai'robi	נַיירוֹבִּי (נ)
Nápoles	'napoli	נָפּוֹלִי (נ)
Niza	nis	נִיס (נ)
Nueva York	nyu york	נְיוּ יוֹרק (נ)

Oslo	'oslo	אוֹסלוֹ (נ)
Ottawa	'otava	אוֹטָווָה (נ)
París	pariz	פָּרִיז (נ)
Pekín	beidʒing	בֵּייג'ינג (נ)
Praga	prag	פּרָאג (נ)

Río de Janeiro	'riyo de ʒa'nero	רִיוֹ דָה ז'נֶרוֹ (נ)
Roma	'roma	רוֹמָא (נ)
San Petersburgo	sant 'petersburg	סַנט פֶּטֶרסבּוּרג (נ)
Seúl	se'ul	סָאוּל (נ)
Shanghái	ʃanχai	שנחַאי (נ)
Singapur	singapur	סִינגָפּוּר (נ)
Sydney	'sidni	סִידנִי (נ)

| Taipei | taipe | טַייפֶּה (נ) |
| Tokio | 'tokyo | טוֹקִיוֹ (נ) |

Toronto	to'ronto	טוֹרוֹנטוֹ (נ)
Varsovia	'varʃa	וַרשָׁה (נ)
Venecia	ve'netsya	וֶנֶצִיָה (נ)
Viena	'vina	וִינָה (נ)
Washington	'voʃington	ווֹשִׁינגטוֹן (נ)

www.ingramcontent.com/pod-product-compliance
Lightning Source LLC
Chambersburg PA
CBHW070602050426
42450CB00011B/2941